Examen et Réfutation

DU

DISCOURS DE M. MASSOT,

Avocat-Général à la Cour Royale de Lyon.

La Croix-Rousse, Th. Lépagnez , imprimeur.

EXAMEN ET RÉFUTATION

DU

DISCOURS DE M. MASSOT,

Avocat-Général à la Cour Royale de Lyon,

Sur les Réformes Sociales,

AVEC NOTES,

Par

UN SOCIALISTE PHALANSTÉRIEN.

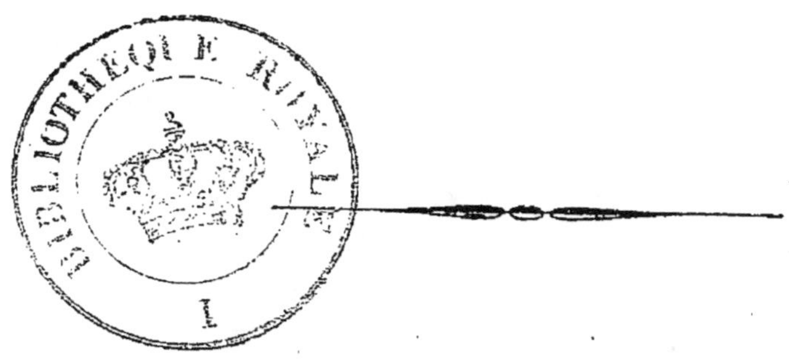

LYON,

DORIER, LIBRAIRE, QUAI DES CÉLESTINS.

PARIS,

LIBRAIRIE DE L'ÉCOLE SOCIÉTAIRE,
Rue de Seine, 10.

1846.

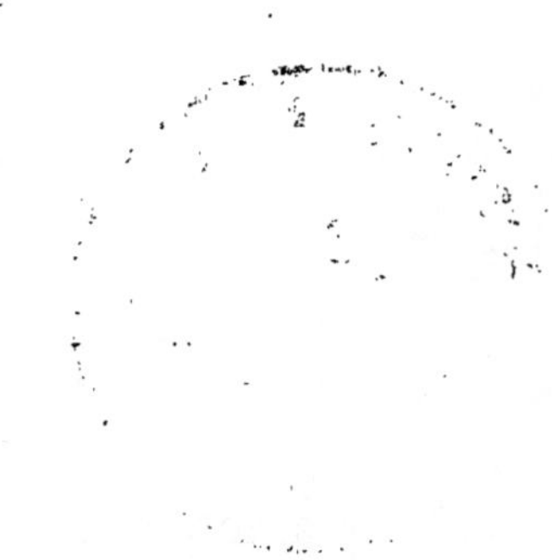

Examen et Réfutation

DU

DISCOURS DE M. MASSOT,

Avocat-général à la Cour royale de Lyon,

sur les]

RÉFORMES SOCIALES,

AVEC NOTES,

Par un Socialiste phalanstérien.

———•◦•———

M. Massot, Avocat-général à la Cour royale de Lyon, qui vient d'être nommé procureur du roi, en remplacement de M. Gilardin, promu aux fonctions de procureur général à Alger, a prononcé à la rentrée de la Cour, au mois de novembre dernier, le discours d'usage. Si nous n'avions à juger les paroles de M. l'Avocat-général qu'au point de vue littéraire, nous n'aurions que des éloges à lui donner. Son discours se fait lire non moins par l'attrait d'un style pur, correct et élégant, qu'à cause des idées importantes qui en font le sujet, l'orateur n'ayant voulu rien de moins qu'aborder cette grave question : *Quelle doit être l'intervention du législateur dans les conditions du travail?* Quelle que soit d'ailleurs la vérité des opinions émises sur ce problème par M. l'Avocat-général, opinions dont nous allons bientôt examiner la valeur et les preuves, nous ne pouvons résister au désir de le féliciter d'avoir choisi un sujet vraiment intéressant et élevé, dont la discussion ne peut qu'être utile, pourvu qu'elle ait réellement pour but de faire jaillir la lumière d'où elle se trouve, et de renverser les erreurs qui peuvent entraver et retarder le progrès du mouvement social. Oui, comme le dit l'orateur, « Tout homme auquel il est donné de parler en public exerce une sorte d'enseignement; de quelque lieu que parte la parole humaine, de la tribune, de la chaire, du siége du magistrat, du barreau, elle tombe comme une semence dans ce vaste champ, qui s'appelle la société; et salutaire ou funeste, bon grain et ivraie, elle y produit ses fruits. » Celui qui a écrit ces lignes a sans doute conscience de la portée que ses opinions empruntent à sa position et à son caractère, et nous aimons à penser qu'il a mûrement pesé la haute responsabilité qu'il assume sur lui-même pour les jugements qui sortent de sa bouche. Nous croyons donc d'avance et pleinement aux excellentes intentions, et à la parfaite bonne foi de M. Massot, et nous n'allons examiner ses paroles qu'avec l'intention de porter le débat à la hauteur du sujet, en y respectant, autant qu'il est en nous, les convenances de forme et de langage, sans pour cela renoncer au droit d'exprimer franchement nos convictions et de les défendre avec fermeté.

Nous suivrons dans notre examen le même ordre que l'orateur dans son discours qu'il est facile de diviser en plusieurs parties distinctes.

Dans son exorde, M. l'Avocat-général se préoccupe de prémunir les masses contre les mots sonores et stériles donnés comme le symbole de doctrines utiles et fécondes, et contre la confiance et l'empressement avec lesquels le peuple se passionne pour des phrases toutes faites et des mots sacramentels, sans s'inquiéter de ce qu'il peut y avoir de vrai ou de possible dans les espérances que ces vaines formules peuvent faire naître. « Nous avons le droit, dit-il, de demander compte de leurs ambitieuses prétentions à ces phrases magiques qui se donnent comme la dernière explication de l'énigme sociale, et qui, à les croire, recèlent en elles le secret du bonheur universel; et si leurs promesses ne sont, en définitive, que des chimères ou des erreurs dangereuses, c'est un devoir de démasquer leur vanité, et de les dépouiller du prestige menteur qui éblouit trop souvent les yeux du plus grand nombre. »

Il s'agit donc pour M. l'Avocat-général d'examiner sérieusement la valeur des théories sociales et de tous les moyens, en général, qui sont proposés de nos jours pour accélérer la marche de l'humanité dans la voie du progrès, en augmentant le bien-être physique et moral des individus. Certes, c'est là une tâche qu'il importe de bien remplir; car il ne suffit pas de faire sentir le danger des idées fausses et les conséquences fâcheuses d'une réforme imprudente, il faut aussi prendre le parti, si les doctrines proposées, ou seulement l'une d'entre elles renfermait la vérité, de ne pas nier cette portion de vérité, et de la proclamer bien haut. Votre devoir ne se borne pas à dire qu'ici et là sont le mensonge; il ne vous impose pas non plus l'obligation de condamner d'une manière absolue une doctrine qui serait un mélange d'erreurs et de vérités; votre devoir consiste à vous placer dans des conditions d'impartialité d'abord, à rechercher consciencieusement, et abstraction faite des idées acquises dont les trois quarts peuvent n'être que des préjugés, quelle est dans telle ou telle théorie la part du vrai et du faux. Quittez enfin ce rôle passif et hostile au progrès qui consiste à nier et à douter, et ne reculez pas devant une affirmation. Vous voulez signaler et condamner le mensonge, c'est très-bien; mais préparez-vous aussi à saluer la vérité, si vous la rencontrez. Le péché ne consiste pas seulement à ne pas faire le mal, mais aussi à omettre ce qui est bien. *Opportet hœc non committere et illa non omittere.* Nous allons voir jusqu'à quel point l'orateur a su comprendre cette double face du devoir qu'il avait à accomplir.

M. l'Avocat-général commence par nous dire : « Que sans s'inquiéter si la tâche n'était pas au-dessus de ses forces, il s'est laissé entraîner au désir de rechercher quelle est la valeur, la portée de quelques-uns de ces mots qu'on lit et qu'on entend partout, et que les économistes semblent vous donner aujourd'hui comme le résumé de tous leurs efforts dans le passé, de toutes leurs espérances dans l'avenir. »

Ici nous nous permettrons de représenter à l'orateur que la tâche qu'il a voulu remplir est, en effet, si difficile et si importante, qu'il n'est guère permis à un homme grave de l'entreprendre sans avoir consulté ses forces. Vous donnez par là l'exemple de cette même témérité que vous allez bientôt reprocher aux réformateurs; vous allez les accuser de proposer des réformes qui ne sont point basées sur une connaissance solide de l'homme et des faits sociaux, et voilà que vous-même, qui voulez et qui allez les juger, vous avouez l'insuffisance de vos forces. Qui vous oblige donc à aborder un sujet que vous ne connaissez encore que très-imparfaitement? Ce n'est pas de votre intelligence que vous voulez nous mettre en défiance, vous vous rendez à vous-même un témoignage plus juste et appuyé, à bon droit, sur l'opinion publique qui ne vous conteste ni le talent, ni le mérite. Mais, à notre tour, nous dirons, nous, que votre appel à l'indulgence, dans lequel, en toute autre occasion, nous pourrions ne voir qu'une précaution oratoire, ne vous donne pas le droit de porter en face du public un jugement qui ne repose que sur une connaissance superficielle et incomplète des idées que vous voulez traduire à votre barre. Nous désirions de tout notre cœur, en commençant la lecture de votre discours, pouvoir attribuer à votre modestie la méfiance que vous manifestiez de vous-même; mais, il faut bien le dire par avance, cette méfiance était très-fondée, comme nous allons bientôt le prouver, et vous vous êtes jugé vous même en proclamant l'insuffisance de vos études et de vos connaissances.

Enfin, pour terminer nos remarques sur les considérations préliminaires de M. l'Avocat-général, nous regrettons qu'il ne se soit pas placé dans une disposition morale telle, que son cœur pût venir à l'aide de sa raison. Amenés en face des plaies sociales, nous ne devons pas seulement les soumettre à l'analyse et à l'appréciation de notre esprit, plus ou moins sagace et judicieux, il faut aussi ouvrir notre âme aux émotions d'une douleur sympathique, et aux élans d'une consolante espérance. Pourquoi se tenir satisfait d'un cepticisme sec et indifférent, quand les simples lumières du bon sens et du sentiment nous révèlent invinciblement la fin possible et peut-être prochaine des maux qui accablent l'humanité? N'avons-nous donc plus foi à la bonté de Dieu; croyons-nous, au contraire, au Génie du mal, et le salut du monde est-il désespéré? Non, non, ces doutes impies ont fait leur temps, et M. l'Avocat-général a le cœur trop bien né pour que les sophismes d'un fatalisme aveugle obtiennent son adhésion, et ne provoquent pas dans son for intérieur d'énergiques protestations!

Pour entrer dans son sujet, M. l'Avocat-général avait d'abord à examiner les faits, c'est-à-dire l'état actuel de la société. Il jette donc un coup d'œil sur la distribution des richesses entre les diverses classes de citoyens, et sur les sentiments dont cette distribution, plus ou moins équitable, les anime les unes envers les autres. Nous n'avons rien à dire sur ce tableau que l'orateur emprunte d'ailleurs, comme il le fait entendre, aux socialistes les plus modérés. Il cite même M. Blanqui, « économiste, dont le nom n'est pas sans crédit, » et qui soutient l'opinion « que la misère publique est un grand fait social

« particulier aux temps modernes, et qui se manifeste de
« plus en plus à mesure que la civilisation se répand. »
Suivant les socialistes, dit M. Massot, l'opulence et toutes
ses jouissances seraient le partage exclusif de quelques pri-
vilégiés, entre les mains desquels s'accumule la richesse en-
fantée par le travail du plus grand nombre, tandis que le
dénuement et toutes ses angoisses atteindraient de plus en
plus cruellement les classes ouvrières. « Et c'est précisément
dans les pays les plus avancés, dans ceux qui marchent à la
tête de la civilisation que ces classes seraient en proie à la
plus hideuse misère, dévorées par toutes les dégradations
physiques et morales qu'elle engendre, et sembleraient, pour
ainsi dire, prêtes à retourner aux instincts et aux horreurs
de la vie sauvage. A mesure que les deux extrémités de l'é-
chelle sociale s'éloignent ainsi chaque jour, que l'une se voit
de plus en plus comblée, et l'autre de plus en plus dénuée,
les passions qui les séparent vont aussi s'exaltant; les capitalistes, comme s'ils étaient désormais trop loin des malheureux pour entendre leurs plaintes, deviennent plus durs, plus
égoïstes; les travailleurs, désespérés de s'épuiser en vains
efforts, sont plus haineux, plus envieux; et dans ces rangs
pressés de prolétaires, auxquels la société refuse les moyens
de vivre, s'accumuleraient de sourds mécontentements qui
finiraient par éclater en quelque affreux orage; et l'on nous
représente la civilisation moderne comme menacée par une
nouvelle invasion de barbares qui, cette fois, ne sortiraient
pas des forêts septentrionales, mais s'élanceraient du sein de
la société elle-même, comme ces tempêtes sous-marines, qui,
parties des profondeurs de l'Océan, en couvrent la surface de
sable et de limon. »

M. l'Avocat-général prend soin de nous dire qu'il n'assom-
brit pas le tableau, et que, s'il voulait citer, il pourrait nous
le montrer peint avec des couleurs bien autrement saisis-
santes, avec des termes bien autrement passionnés. Il se con-

tente d'interroger les socialistes sur les causes des plaies sociales. « On n'hésite pas, dit-il, à en accuser la concurrence illimitée, c'est-à-dire la liberté dans laquelle s'agite notre régime industriel. Plus les capitaux se multiplient, dit-on, plus les profits diminuent, et la concurrence devient plus vive, plus acharnée; de là, nécessité d'abaisser les salaires; les ouvriers, plus nombreux à mesure qu'ils ont été remplacés par les machines, sont obligés de subir la loi des maîtres, et l'industrie n'est plus qu'une guerre, guerre barbare, sans pitié, de laquelle le soldat, c'est-à-dire l'ouvrier, sort toujours vaincu, dépouillé, exténué..... Il y a donc nécessité, urgence de mettre des bornes à cette *sauvage concurrence*, de faire cesser cette anarchie, cette *féodalité industrielle*. L'ouvrier ne doit plus être à la merci du maître; le capital ne doit plus être un instrument de dépréciation des salaires : il faut organiser le travail; il faut associer le capitaliste et le travailleur. Voilà le remède à tant de souffrances ; voilà les mots prestigieux desquels doivent sortir la régénération des classes ouvrières et la sécurité de l'avenir : *Organisation du travail! Association!* »

Sans contester que tel soit à peu près le langage des socialistes, cependant il est facile de voir que M. l'Avocat-général n'est pas très-familier avec leurs idées, ou du moins ne connaît pas au même degré les doctrines de toutes les écoles. En effet, il est des socialistes qui savent se placer à un point de vue plus large que celui qui vient d'être signalé et qui ne ramènent pas la solution de toutes les questions industrielles à la nécessité de garantir le travail contre l'oppression du capital. Sans doute, s'il s'agit de remédier au plus pressé, et si l'on ne peut donner qu'une goutte d'eau à ceux qui ont soif, il faut songer en première ligne à ceux qui souffrent le plus et dont l'existence est immédiatement menacée. Mais celui qui ne voit le mal que chez les classes laborieuses, et qui considère les capitalistes comme à l'abri de toutes chances funestes; celui-là ne comprend pas un mot au problème social, et ne peut proposer que des palliatifs insignifiants. Non, tout le mal n'est pas dans la concurrence illimitée, en tant qu'elle engendre l'oppression du travail par le capital, il existe aussi dans les conditions faites au capital lui-même par cette concurrence, et dans la lutte que soutiennent ces deux agents producteurs. Plus d'une fois le plus fort ne se retire du combat qu'avec de cruelles et mortelles blessures. Le fléau qui écrase l'un et l'autre se caractérise par un mot plus vrai et plus compréhensif que celui de concurrence illimitée; car il consiste essentiellement dans la *divergence et* dans l'*antagonisme des intérêts et des passions.*

Voyons maintenant quelle est l'opinion de M. l'Avocat-général, sur la réalité des misères sociales dont les socialistes nous font le tableau ; mais disons d'abord , qu'il s'étonne de ce que les travailleurs ne se tiennent pas pour satisfaits des progrès réalisés jusqu'à ce jour. « Etrange vicissitude , messieurs ! depuis deux mille ans les travailleurs de quelque nom qu'on les ait appelés , esclaves, serfs , vilains , aspirent à s'affranchir des entraves qui gênent l'exercice de leurs facultés. L'histoire est-là pour dire quels efforts, quels sacrifices , quels combats furent nécessaires , pour conquérir à l'homme la liberté de ses bras et de son intelligence ; et voilà que , lorsque cette conquête est à peine achevée, on découvre tout-à-coup que l'Humanité s'est fourvoyée, et que cette liberté tant désirée , achetée par tant de sueurs , c'est la perte , c'est la ruine de ceux-là même , qui ont tant souffert et tant travaillé pour l'obtenir !... »

Eh ! mon Dieu, oui ! sous l'empire des corporations , constituées par les maîtrises et les jurandes , on sentait le poids d'un despotisme odieux , et rien ne devait plus sourire que l'abolition d'un pareil régime. La révolution qui avait abattu le despotisme féodal et monarchique, devait-elle respecter le despotisme industriel ? Il lui parut très-simple d'appliquer le même remède dans les deux cas, et la liberté du travail suivit de près la proclamation de la liberté civile et politique. On sait ce qu'il advint de celle-ci ; établie brusquement et sans contrepoids, elle dégénéra rapidement en une licence pleine d'horreur, du milieu de laquelle se dressa bientôt le despotisme sanglant de l'anarchie. Il fallut bien vite revenir des illusions qu'on s'était faites, et l'État menacé d'une ruine complète, eut le bonheur de rentrer, par la crise mémorable de thermidor, dans la voie d'une liberté tempérée que quelques années achevèrent de consolider, en la conciliant, jusqu'à un certain point, avec l'ordre et la justice. Quant à la liberté du travail, ce fut d'abord un immense cri de joie qui en salua le drapeau, et la renaissance du commerce et du crédit favorisant l'essor de cette liberté, l'illusion fut encore plus profonde que ne l'avait été celle des Girondins, le jour où le renversement du trône avait comblé leurs vœux. Mais elle devait aussi avoir son terme, et les désastres du haut et petit commerce depuis trente ans, la misère croissante des masses, ont fait comprendre aux esprits avancés, que cette liberté illimitée du commerce est un présent aussi funeste qu'une liberté politique sans contre-poids ; elle dégénère également et rapidement en licence, et par l'anarchie conduit au despotisme ; c'est-à-dire, à l'oppression du grand nombre par le petit. Voilà malheureusement ce qui est, mais ce que ne veulent pas voir la plupart de nos économistes, partisans du *laissez-faire* et du *laissez-passer*. Nous sommes encore au plus fort d'un quatre-vingt-treize industriel, et le commerce a aussi ses montagnards en lutte avec la plaine. Alors, le bourreau abattait quelques centaines de têtes chaque jour ; aujourd'hui, les statisticiens enregistrent philosophiquement les milliers de malheureux qui encombrent les hôpitaux, les hospices, les dépôts de mendicité, les bureaux de bienfaisance ; on espère que *tout cela passera*, quand on n'ose pas dire d'une voix fatale que cela ne passera point ; et l'on ne comprend pas, chose inouïe, que toute cette misère vient en première ligne de l'anarchie industrielle. On rit de l'idée d'organiser le travail, et ceux qui lèvent le plus les épaules, sont en général, les mêmes hommes qui, lorsqu'ils ont organisé les rapports des citoyens dans l'ordre civil et politique, ont le plus réagi contre la liberté, à cause de l'abus qui en avait été fait.

Demander l'organisation du travail, ce n'est pas plus vouloir le maintien de l'anarchie actuelle, que le rétablissement de la tyrannie qu'exerçaient les maîtrises et les jurandes, et si les bons citoyens ont eu raison à diverses reprises de réclamer, et de se donner une constitution politique qui les mît à l'abri du despotisme et de l'anarchie, le travailleur et le capitaliste lui-même, s'il était moins aveugle, ont le même droit de demander une *constitution industrielle*, c'est-à-dire *l'organisation du travail*.

Qu'on s'évertue d'ailleurs à prouver que, de nos jours, la richesse générale s'est accrue, et « qu'elle s'est répartie dans tous les rangs, non pas assurément d'une manière égale, mais assez pour que les classes les plus nombreuses aient aujourd'hui plus de bien-être qu'elles n'en ont eu à aucune autre époque », est-ce à dire pour cela que leur état ne soit pas encore déplorable? Le tableau de la misère, au dix-septième siècle, que vous empruntez à Vauban, est malheureusement en très grande partie vrai pour notre époque, car il y a bien certainement aujourd'hui près de la dixième partie du peuple, qui reçoit une part plus ou moins large des secours, dont la bienfaisance publique dispose au moyen des hôpitaux, hospices, dispensaires, dépôt de mendicité, bureaux de bienfaisance, etc., etc., sans compter ceux fournis par la charité privée. « Des neuf autres parties, disait Vauban, il y en a cinq « qui ne sont pas dans le cas de faire l'aumône à celle-là; » de nos jours l'impuissance est la même évidemment. « Des « quatre qui restent, trois sont fort mal aisées, et embar- « rassées de dettes et de procès, et dans la dixième, où je « mets les gens d'épée, de robe, les bourgeois rentiers et

« les plus accommodés, on ne peut pas compter sur cent
« mille familles. »

Il nous semble que cette évaluation de Vauban, quoique
approximative et non rigoureuse, est à peu de chose près
applicable à la distribution actuelle des richesses. Seulement
la civilisation a soin de cacher, autant que possible, entre
quatre murs, ses mendiants, ses malades, ses enfants
trouvés, et tant d'autres témoignages vivants de la misère
qui la mine sourdement. M. Villermé prouve, dites-vous, que
l'alimentation des classes ouvrières est plus abendante et
meilleure, que leurs vêtements sont plus complets et plus
chauds, que leurs logements sont plus propres, mieux aé-
rés, plus sains, qu'on rencontre bien moins de jambes et
de pieds nus, etc. Sur ces différents points, au lieu de consulter
des économistes, prenez l'avis des médecins, de ceux surtout que leurs fonctions ou leur esprit de charité mettent le
plus en rapport avec les pauvres, ils vous donneront des
renseignements plus véridiques, et tout au plus pourront-ils
vous accorder qu'aujourd'hui l'alimentation de l'ouvrier est
moins insuffisante et de *moins mauvaise qualité*, ses vêtements
moins incomplets et moins froids, son logement *moins sâle, moins
mal aéré, moins insalubre*, et qu'il y a *moins de jambes* sans
bas et de pieds sans sabots. Mais certes il y a loin de cet ensemble de conditions dans lequel languissent la plupart
des ouvriers à un état satisfaisant et digne de l'humanité, si
l'Humanité avait encore des yeux pour voir, un cœur pour
sentir.

Vous citez encore comme preuve d'une amélioration dans
l'état du peuple en France, « la division du sol, qui va
sans cesse croissant, et qui est déjà assez avancée pour qu'il
n'y ait pas aujourd'hui moins de six millions de familles at-
tachées au pays par le lien puissant de la propriété; d'un
autre côté le nombre des entrepreneurs patentés, c'est-à-
dire des chefs de famille ayant un capital à livrer à l'indus-

trie, s'est élevé, depuis trente ans, de neuf cent mille à près de deux millions. Les caisses d'épargnes sont dépositaires de sommes énormes. » Ces trois ordres de faits semblent avoir quelque valeur ; mais si à côté du chiffre de six millions de propriétaires , on place celui de quinze milliards représentant la dette hypothécaire qui grève la propriété foncière ; si, en face des deux millions de patentés , on met le chiffre du passif des faillites , qui annuellement se compte par centaines de millions , on aura trouvé un correctif singulièrement atténuant. Enfin , dire que les caisses d'épargnes sont dépositaires de sommes énormes, c'est ne pas réfléchir, qu'en supposant qu'elles doivent profiter à vingt millions d'individus, la somme des dépôts , qui s'élève à environ quatre cent millions , représente un capital de *vingt francs par tête*, en moyenne. Quelle avance ! Vienne un chômage de huit jours seulement , que signifie une pareille ressource ?

Après avoir montré que M. l'Avocat-général s'était placé dans une disposition d'esprit et de cœur peu favorable pour discerner la vérité, nous avons établi qu'en effet la portée réelle des faits qui nous révèlent la misère des classes ouvrières avait échappé à la sagacité de notre adversaire, et que son interprétation des données fournies par l'histoire et par l'économie politique était fautive. Sans revenir sur cette démonstration que nous aurions pu facilement rendre plus explicite, nous finirons par une simple remarque sur l'étonnement que nous voyons tous les jours exprimé par des ultra-conservateurs en face des besoins nouveaux que les progrès réalisés n'empêchent pas de naître chez le peuple, et des réformes dont on l'accuse d'être insatiable. L'humanité dans son développement passe par les mêmes phases d'accroissement que l'homme lui-même. Or, s'étonne-t-on de ce que l'enfant arrivé à l'âge de deux ou trois ans a des besoins plus impérieux et plus variés que l'enfant à la mamelle ? Il ne fallait à celui-ci que le lait de sa mère ; mais cet aliment est devenu insuffisant pour le premier chez lequel, aux besoins d'une alimentation plus substantielle, se sont ajoutés ceux qui dérivent de la sensibilité, de l'intelligence, de la locomotion, etc. L'Humanité est encore jeune et dans sa période d'accroissement; ses besoins doivent augmenter et augmentent en effet avec l'âge. Ce qu'elle a aujourd'hui pour les satisfaire aurait pu lui suffire hier; mais aujourd'hui il lui faut plus de bien-être physique et moral. Hier elle ne sentait que les douleurs corporelles et la faim; aujourd'hui elle connaît la douleur morale, l'inquiétude de la raison qui commence à s'émanciper, et le malaise de l'ignorance qui s'oppose à son essor. Elle veut et doit marcher en avant; elle a le droit de demander plus qu'elle n'a encore obtenu; en cela, elle ne fait qu'obéir à sa loi, à sa destinée, et elle saura l'atteindre si, prenant pour guide le flambeau de la vérité, elle laisse se débattre à son arrière-garde les indifférents, les sceptiques et les immobilisateurs du progrès social.

M. l'Avocat-général, tout en niant que le mal soit vrai et aussi profond que le dépeignent des esprits pessimistes, semble, à la fin, consentir à supposer que tout n'est pas pour le mieux dans la société actuelle, et il se sert de cette supposition pour se demander « quel remède ont à nous offrir les réformateurs modernes, et comment ils prétendent briser le charme sous lequel, comme ils disent, les classes pauvres vivent enchaînées. »

On voit que dans l'esprit de M. l'Avocat-général cette supposition est tout-à-fait gratuite; mais elle lui était nécessaire pour s'élancer dans l'arène contre les socialistes; et, jaloux de rompre avec eux une première lance, il débute par se mettre en contradiction avec lui-même, pour ne pas dire avec le bon sens. Car, de deux choses l'une, ou le mal existe ou il n'existe pas. S'il existe, reconnaissez-le, et alors cherchez en loyalement les meilleurs remèdes; s'il n'existe pas, pourquoi le supposer? il n'y a pas à s'en occuper, et par conséquent moins encore des prétendus remèdes proposés par les socialistes. Quoiqu'il en soit, voyons comment l'orateur va nous présenter les prétentions des réformateurs :

« Ils sont d'accord sur les mots, dit-il ; on trouve partout, dans leurs livres et dans leurs discours, que tout homme vivant a le droit de vivre, que la société est obligée d'assurer du travail aux classes ouvrières, qu'il faut organiser l'industrie de telle sorte que tout ouvrier laborieux et probe puisse toujours gagner sa vie et celle de sa famille, et autres axiomes que chacun assurément voudrait voir convertir en vérités pratiques. — Sans doute, tout homme a le droit de vivre : *Il a le droit de vivre cent ans*, répliquait Malthus, *est-ce une raison pour que la société lui assure cent ans d'existence ?* » — Nous avons hésité à nous arrêter sur cette citation de Malthus, celui de tous les économistes auquel s'applique avec le plus de justice l'imprécation d'Horace : *Illi robur et œs triplex !* Mais M. l'Avocat-général n'en ayant pas tiré la conclusion, comme elle est assez facile à saisir malgré son silence, des esprits plus hardis ne peuvent manquer de l'en déduire. Or, dans cette pensée de Malthus, l'odieux le dispute à l'ineptie, et si M. l'Avocat-général l'avait comprise, son cœur se serait révolté contre un raisonnement qui n'est autre chose qu'une fin de non-recevoir opposée au plus sacré et au plus légitime de tous les droits, et qui constitue le plus cruel et le plus coupable de tous les dénis de justice. Comment ? parce que la société ne peut garantir à aucun de ses membres une existence de cent ans, elle n'est pas tenue de réaliser les conditions et les moyens propres à lui assurer du travail pour vivre aussi longtemps et aussi bien que possible ! Que diriez-vous donc d'un homme qui tiendrait à son semblable le langage suivant : « Je vous dois cent francs ; mais comme je ne puis vous donner qu'un à-compte de cinquante, je ne vous rends rien. »

Il est évident pour nous, encore une fois, que M. l'Avocat-général ne saurait être à la hauteur de Malthus, il l'admire peut-être, mais à coup sûr il ne le comprend pas, et son erreur est de celles qu'on pardonne. Reprenons notre citation.

« Il faut organiser l'industrie, s'écrie-t-on, de manière à ce que l'ouvrier reçoive, en tout temps, partout, quelles que soient les vissicitudes, des salaires suffisants. — Soit. — Mais le moyen d'arriver à cette merveilleuse organisation qui doit conjurer toute misère? — C'est ici que commence la confusion, que se trahit l'impuissance. » Le premier des systèmes qu'examine l'orateur, est l'utopie de la communauté absolue. « Ici tous les hommes sont égaux : vicieux ou vertueux, faibles ou forts, instruits ou ignorants, intelligents ou stupides, tous travaillent dans les ateliers que leur ouvre la communauté, et tous reçoivent le même salaire. Il n'y a plus pour ces nouveaux professeurs de la science sociale, ni propriété, ni loi, ni famille, ni patrie, ni Dieu. L'humanité n'est plus qu'un troupeau... Et ils appellent cela une société équitablement organisée! » Si tel est le communisme, M. l'Avocat-général a raison de dire que de pareilles aberrations ne se discutent pas devant des hommes qui préfèrent la civilisation à la barbarie. Mais nous craignons qu'en voulant foncer la couleur il n'ait fait un portrait d'une ressemblance douteuse. Quant à nous qui ne sommes pas communiste et qui, à la vérité, ne connaissons pas à fond les doctrines égalitaires, nous n'avons entendu dire à personne de par le monde, qu'il y ait des professeurs de science sociale pour lesquels il n'existe plus ni loi, ni famille, ni patrie, ni Dieu. Nous savons que, quelques réformateurs voudraient ou pensent qu'il serait bon de substituer la propriété de tous à la propriété individuelle, et qui croient à l'égalité absolue comme chose naturelle et possible entre les hommes. Toutefois, il y a loin de là à nier l'existence de Dieu, l'amour de la patrie, le bienfait de la famille et la nécessité des lois. Nous croyons qu'au lieu de bâtir ainsi des moulins à vent pour le plaisir de les abattre, il vaudrait mieux raisonner de sang-froid et paisiblement, démontrer au peuple que l'on veut et que l'on doit éclairer, la légitimité du droit sur lequel repose la propriété individuelle, et l'impossibilité pratique en même temps que l'illusion théorique de l'égalité absolue. Et d'ailleurs, est-il indispensable d'être sans bienveillance pour des hommes qui cherchent de bonne foi à réaliser la fraternité entre tous les fils du même père ?

Il ne nous appartient pas davantage de nous poser en défenseur du Saint-Simonisme dont M. l'Avocat-général formule, attaque et juge les principes en douze lignes. A l'entendre, il n'y a rien de bon dans cette doctrine qui serait tout simplement la plus intolérable de toutes les tyrannies, si ce n'était pas le plus impossible de tous les rêves. » Il nous avait cependant semblé, à nous qui ne sommes pas plus Saint-Simonien que M. l'Avocat-général, que le principe : *à chacun suivant sa capacité, et à chaque capacité suivant ses œuvres*, n'était pas une trop mauvaise formule, et que pris dans des limites naturelles et raisonnables, il pouvait s'accorder avec une saine notion du juste et de l'injuste. Mais évidemment c'est un parti pris chez M. l'Avocat-général, de ne voir que le mauvais côté des choses quand il s'agit des systèmes ; de même qu'il ne sait en voir que le beau côté quand il étudie la misère et la souffrance des classes ouvrières. Que voulez-vous, le cercle vicieux est partout en civilisation. Peut-on faire équilibre à trop d'optimisme autrement que par un excès de pessimisme ? «*incidit in Scyllam dùm vult vitare Charybdim.* »

Enfin nous arrivons à l'utopie phalanstérienne, à laquelle nous nous intéressons un peu plus qu'aux autres, bien que nous commencions par l'appeler utopie, ce qui ne peut manquer de chatouiller agréablement quelques oreilles, et voyons ce qu'en dit M. Massot.

« Une troisième école, partant du principe que toutes les passions humaines sont d'origine divine, prétend que l'organisation sociale doit avoir pour but, non pas de les modifier ou de les contenir, mais de les satisfaire toutes, en les faisant concourir au bonheur général, à l'*harmonie universelle*. Pour arriver à la satisfaction complète et harmonique de toutes les passions, il faut, d'une part, rapprocher l'homme de ses semblables, et, de l'autre, rendre le travail fécond et attrayant. La forme sociale sous laquelle nous vivons produit l'effet inverse; elle isole l'homme dans la famille et le rend impuissant et malheureux; elle impose et morcelle le travail, qui devient ainsi intempestif et répugnant. Il faut donc chercher une organisation dans laquelle l'association et le travail soient le résultat du libre essor des *passions affectives*. Il n'y aura plus de maisons particulières, plus d'entreprises séparées, mais d'immenses hôtelleries contenant des milliers d'individus travaillant en commun. Le groupe et la série remplaceront la famille; la phalange et le phalanstère remplaceront la commune; et dans ces vastes exploitations collectives, la part de chaque associé, proportionnée à son apport, à son talent, à son travail, sera réglée par les gérants élus de l'association. »

Nous remercions M. Massot d'avoir consacré vingt lignes rien qu'à l'analyse de l'utopie phalanstérienne, tandis que les deux autres ont été analysées, jugées et condamnées avec la moitié moins de mots. Nous irons même plus loin et reconnaîtrons volontiers, qu'à quelques expressions près que nous allons signaler, M. l'Avocat-général s'est abstenu avec assez de bonheur de ces grossières bévues auxquelles la plupart des écrivains qui jusqu'ici ont voulu faire la critique de la théorie sociétaire nous ont habitués; ici nous avons à faire à un homme sérieux, mesuré dans son langage, qui croit de bonne foi à la fidélité de l'interprétation qu'il nous donne de cette doctrine et qui s'exprime en termes honnêtes et polis. Examinons cependant jusqu'à quel point cette interprétation est exacte.

Dire, quand on parle à des hommes qui, presque tous,

ignorent complètement les idées de Fourier, que, d'après l'E-cole sociétaire, *toutes* les passions humaines sont d'origine divine, c'est faire croire, vu le sens vague et variable du mot *passion*, que la haine, la colère, la vengeance, la paresse, la débauche, l'avarice, l'envie, etc., qui se rapportent à un état passionnel de l'âme, sont considérées par nous comme d'origine divine. Or, M. l'Avocat-général sait bien qu'il n'en est rien, puisque Fourier n'admet que douze passions radicales ou d'origine divine, et que dans ces douze on ne trouve aucune de celles que nous venons d'énumérer. M. l'Avocat-général sait très bien aussi que chacune de ces passions présente, comme loi générale de son action, la dualité d'essor ou de direction, et que, par conséquent, l'essor subversif de l'amour qui produit la débauche, la récurrence d'amitié qui engendre la haine, etc., ne sont pas des passions radicales et d'origine divine, comme le sont l'amour, l'amitié, etc. Ce que nous venons de dire fait comprendre combien le langage de l'orateur peut être mal compris, mal interprété, et par suite donner de la théorie de l'attraction passionnelle une idée complètement fausse. (*Voyez note* A.)

Un peu plus loin, M. l'avocat-général nous dit qu'il faut chercher une organisation dans laquelle l'association et le travail soient le résultat du libre essor des *passions affectives.* Voilà encore un mot qui n'est pas exact. Fourier admet, outre les quatre passions affectives, trois passions distributives et cinq sensitives. Or, vous avez dit plus haut que son système doit conduire à la satisfaction de *toutes* les passions. Pourquoi maintenant le réduisez-vous à celle des passions affectives ? Enfin, quand M. Massot nous dit que le groupe et la série remplaceront la famille, il laisse croire que les liens de la famille seront détruits, que les joies du foyer domestique seront taries, que le père, la mère et les enfants, toujours perdus dans la foule, ignoreront les doux épanchements de l'affection familiale. Cependant il doit savoir qu'il n'en sera rien, et que dans une théorie où le familisme est considéré comme une des douze passions radicales, et placé au rang des affectives, la satisfaction de cette passion est garantie et assurée par les mêmes lois qui, dans un bon mécanisme social, permettront le libre et légitime essor des autres passions radicales.

S'il nous était permis de refaire dans le même nombre de lignes l'alinéa que M. Massot a consacré dans son discours à la théorie de Fourier, voici ce que nous dirions :

« L'École de Fourier, admettant, comme les philosophes, qu'il y a dans l'homme des facultés radicales et primitives, lesquelles par conséquent sont d'origine divine; que parmi ces facultés, il en est douze qu'on peut appeler d'un nom quelconque, mais que lui, Fourier, appelle *passions*; que l'exercice de ces facultés passionnelles conduit l'homme au bonheur, quand l'intelligence règle leur essor; cette École, disons-nous, pense qu'il faut organiser les rapports des hommes entre eux, de telle manière que ces passions soient satisfaites intégralement et harmoniquement, et que le bonheur de l'individu se lie, par une solidarité intime, à celui de l'humanité entière. Pour atteindre ce résultat, il faut associer les hommes au lieu de les laisser isolés; il faut rendre le travail attrayant; avec ces deux conditions principales, et d'autres qui en dépendent, les douze passions radicales de l'homme pourront trouver (sauf l'exception d'un huitième admise en tout par Fourier) leur satisfaction intégrale et harmonique. A des habitations isolées, incohérentes, souvent insalubres, mal commodes, on substituera un édifice unitaire, favorable à toutes les jouissances de la vie collective et à toutes les exigences de la vie privée. Les rapports de la famille y seront plus faciles, jamais viciés ni troublés par la division des intérêts. Le groupe et la série créeront l'attrait dans le travail, et la justice dans la répartition proportionnelle des produits. » (*Voyez note* B.)

Cette esquisse est sans doute très incomplète ; mais avec le même nombre de mots à peu près elle dit plus de choses, et nous pouvons ajouter qu'elle les dit d'une manière plus conforme à la vérité, car voici ce que nous oppose M. Massot : « Personne ne méconnaît que l'association ne puisse produire d'utiles résultats ; mais il faut, avant tout, qu'elle soit *libre*, qu'elle ne soit pas comme un lit de Procuste, dans lequel vous voulez à tout prix faire entrer l'humanité, au risque de la décapiter. Il faut encore qu'elle respecte les penchants de l'homme, ses sentiments, sa nature. » Ici nous sommes obligé de dire que M. Massot ne connaît pas le véritable principe de l'association et qu'il la confond avec les fausses associations et les coalitions qui se sont produites jusqu'ici dans le monde (v. note C). Nous l'engageons à faire sur beaucoup d'autres points, mais sur celui-là surtout, de nouvelles études, et nous ne lui répondrons que par les lignes suivantes tirées d'un livre qu'il n'est pas permis d'ignorer à quiconque veut ouvrir la bouche sur les doctrines de l'École sociétaire : « L'idée exacte ou scientifique de l'association se compose de la combinaison intime de trois idées : l'idée de *l'ordre*, l'idée de la *liberté*, l'idée de la *justice*. L'état d'association ou *état sociétaire* suppose, en effet, que les individus associés coordonnent leurs forces, leurs fonctions et leurs travaux dans une œuvre d'ensemble (ordre), que cette coordination est volontaire et non forcée (liberté), enfin que les fruits du travail commun sont partagés aux associés d'après une règle acceptée par eux, comme satisfaisant l'idée qu'ils ont du droit de chacun vis-à-vis de tous (justice). Ces trois conditions se tiennent : on comprend, en effet, que si l'individu se croit lésé dans son droit, il tendra à se séparer de l'œuvre commune, ou bien son mécontentement y introduira des éléments de désordre. Le concours franc, libre, volontaire, à l'œuvre commune, exige donc impérieusement la condition de justice. » (Manifeste de l'École sociétaire, deuxième édition, page 10.)

Nous ne nous arrêterons pas à discuter l'autorité de M. de Lamartine dont M. Massot invoque l'opinion à l'appui de la sienne. Dans ce qu'il a écrit sur la théorie sociétaire, le noble et illustre poète a montré qu'il ne connaissait pas mieux cette théorie que l'honorable magistrat de la Cour royale de Lyon. On n'a qu'à lire attentivement les lignes citées par ce dernier, on verra qu'elles renferment une pensée peu religieuse. Car elles tendent à faire admettre que Dieu, qui a su harmoniser les rapports de tous les êtres placés audessous de l'homme, a cependant condamné celui-ci à vivre dans une éternelle incohérence avec ses semblables. Eh bien ! nous, Phalanstériens, nous croyons à la bonté de Dieu, à sa justice et à *l'universalité de sa providence.* Seulement, comme Dieu a voulu privilégier l'espèce humaine en lui donnant la liberté, il lui a laissé le soin de chercher et de réaliser, par un bon usage de la raison, une partie des conditions dans lesquelles doit avoir lieu l'harmonisation des instincts, des facultés, et en général de toutes les actions de l'homme. Voilà notre foi. Si elle est fausse, au moins ce n'est pas celle du fatalisme. Pourquoi n'est-ce donc pas celle de M. de Lamartine, le poète au noble cœur, à l'âme élevée et généreuse ? Mais il a avoué, *nous le savons de source certaine,* depuis la publication du manifeste dans lequel il a voulu critiquer la théorie sociétaire, qu'il en avait parlé sans la connaître autrement que par des conversations et des oui-dire, et sans l'avoir étudiée à fond dans les livres de l'école. Nous protestons donc de toutes nos forces contre le trait, spirituel peut-être, mais à coup sûr très faux, qui termine la tirade de M. l'Avocat-général sur la doctrine de Fourier : « L'homme abdique toute personnalité ; ce n'est plus qu'un rouage dans une machine, ou, comme on l'a dit, une action numérotée d'une société anonyme. » Au nom de la vérité, nous sommons le magistrat de la Cour royale d'étudier encore des idées qu'il connaît assez mal pour en parler ainsi, et s'il veut consacrer à cette étude seulement deux heures par semaine, d'ici à la prochaine rentrée de la Cour royale, nous comptons sur sa loyauté et sa franchise pour rétracter des paroles si légèrement hasardées et si contraires à la réalité. (*Voyez note* D.)

Quant à reconnaître avec lui que, « ces systèmes de réforme, convaincus d'impuissance, expirant sous le ridicule, sont tombés dans un discrédit, dont ils ne semblent pas se relever, même par l'énergie et le talent de quelques hommes qui rêvent encore leur application; » nous engageons M. l'Avocat-général à ouvrir un peu plus les yeux, et nous espérons qu'il pourra facilement constater l'accroissement lent, il est vrai, mais incontestable et régulièrement progressif, de l'école sociétaire. Avant que le soleil soit levé, il faut sans doute un peu plus de pénétration pour reconnaître l'aurore qui le précède et l'annonce, que pour saluer sa présence lorsqu'il a dépassé l'horizon : c'est ce qui peut nous faire comprendre la marche des idées phalanstériennes dans un milieu qui leur est si opposé et si hostile, grâce à mille préjugés et à des préventions absurdes. Mais le jour n'est peut-être pas éloigné où jaillira le rayon qui doit éclairer le monde, et où il ne nous restera pour adversaires que ceux qui croient avoir le droit de dire qu'il fait nuit à midi parce qu'ils ferment les yeux, ou que le soleil n'existe pas parce qu'ils lui tournent le dos.

Après avoir prononcé l'oraison funèbre des *utopies* socialistes, M. l'Avocat-général avait encore, pour remplir son cadre, à demander à la vieille économie politique, quels remèdes elle peut opposer à la misère. Il s'adresse à ceux des économistes qu'on peut considérer comme les moins arriérés, c'est-à-dire à E. Buret, à Sismondi, et parle avec éloge de Turgot. Le premier a proposé, *en attendant que la formule de l'association soit trouvée*, des mesures qu'il regarde comme propres à nous y conduire, et qui consisteraient : 1° à rendre l'entrepreneur responsable de tous les ouvriers qu'il emploie; 2° à protéger les salaires contre les effets de la concurrence, par des règlements qui fixeront leur minimum ; 3° à initier progressivement les classes ouvrières à la propriété de la terre et du capital, au moyen de larges prélèvements que l'Etat exercera sur les successions opulentes.

Le premier de ces trois moyens n'est en quelque sorte, comme le remarque avec raison M. l'Avocat-général, que la reproduction du système de garantie d'après lequel l'ouvrier débat avec le maître le prix de la journée, et si ce prix est insuffisant, si la famille de l'ouvrier a besoin d'un supplément, l'entrepreneur doit être appelé à donner ce supplément. « Mais, dit l'orateur, comment, à l'aide de quelles ressources, dans quelle mesure ce supplément sera-t-il fourni ? — Quel droit va-t-il créer pour celui qui le donne, quel devoir pour celui qui le reçoit ? — C'est la suzeraineté d'un côté, la vassalité de l'autre. Aussi M. de Sismondi lui-même, l'auteur du système, est-il obligé de finir par cette décourageante conclusion : « Je l'avoue, après avoir indiqué où est à mes yeux « le principe, où est la justice, je ne me sens pas la force de « tracer les moyens d'exécution. »

Quant au second moyen, le règlement du taux des salaires, pour prévenir l'avilissement que leur fait subir la concurrence, en en fixant le *minimum*, M. l'Avocat-général pense que la fixation des salaires présenterait d'inextricables difficultés. « Qui la fera, dit-il ? Vous confierez ce soin à des corps électifs. — Quel moyen leur donnez-vous d'être justes ? — Il n'est pas seulement question de l'entrepreneur dont les intérêts vous touchent peu ; — mais l'ouvrier laborieux, habile, intelligent, sera-t-il traité comme l'ouvrier parésseux, ignorant, maladroit ? — Y aura-t-il un traité unique pour tous les arts ? — En faudra-t-il faire de spéciaux pour chaque industrie, pour chaque métier ? — Qui pourra remplir cette formidable tâche ? — Si, du moins, cette fixation des salaires produisait les effets qu'on s'en promet ; si elle arrachait, comme on le dit, l'ouvrier à la misère ; mais c'est là, je n'hésite pas à l'affirmer, la plus étrange de toutes les illusions. »

Tout en persistant à croire qu'il y a beaucoup mieux à faire que de recourir aux tarifs pour fixer les salaires, il nous semble toutefois que M. l'Avocat-général exagère les difficultés et les inconvénients de ce système. Sans doute, il surchargerait l'Etat d'un mécanisme compliqué et laborieux qui, pour léser le moins possible les droits légitimes, soit d'un côté, soit de l'autre, devrait avoir une grande mobilité, caractère toujours fâcheux en lui-même pour toute espèce d'institution dans nos sociétés mal lestées. Sans doute, les oscillations du minimum fixé par un tarif pourraient quelquefois franchir certaines limites et entraîner des conséquences fâcheuses, soit pour l'ouvrier, soit pour l'entrepreneur. Cependant en comparant les inconvénients de ce système, tels que nous les connaissons par l'application détournée qui en est faite aujourd'hui à la fabrication et à la vente du pain, il nous semble bien évident que ces inconvénients seraient infiniment plus supportables que ceux de la concurrence acharnée que se font souvent entre elles, soit les industries, soit la main d'œuvre.

Quoique nous soyons peu partisans du troisième moyen proposé par E. Buret, savoir : le prélèvement sur les successions opulentes en faveur des pauvres, ce système ne mérite pas cependant une réprobation aussi complète que celle dont le couvre M. l'Avocat-général, en le qualifiant de *réminiscence malheureuse des doctrines saint-simoniennes*. E. Buret n'a pas proposé d'exercer un prélèvement sur les successions aux dépens des héritiers en ligne directe, mais seulement en ligne collatérale et à un degré éloigné. Ce système est, en fait, déjà appliqué, puisque l'Etat perçoit un droit de mutation sur chaque succession. E. Buret voudrait seulement qu'on en élargît l'application ; on ne peut donc pas dire que ce serait prendre à ceux qui ont pour donner à ceux qui n'ont pas.

« Je sais, dit M. Massot, qu'on parle d'accorder à l'ouvrier une part dans les profits de l'entrepreneur. S'il s'agit du simple ouvrier qui ne fournit que ses bras, on est tout d'abord tenté de demander à ceux qui comprennent ainsi l'*association des travailleurs* d'où ils font découler le droit pour l'ouvrier de prendre une portion au-delà du juste salaire de son travail dans les profits d'une entreprise dont un autre a fait seul tous les frais, dans laquelle il a engagé son industrie, ses capitaux, sa liberté, l'honneur de son nom.... »

Les lignes que nous venons de citer, nous font croire que M. l'Avocat-général n'a pas, sur la répartition des produits de l'industrie, des idées parfaitement conformes aux principes de justice et d'équité qui doivent présider à cette répartition. Dans une entreprise industrielle, les produits proviennent d'une triple source, 1° *du travail*, 2° *du capital*, 3° *du talent*. Il faut donc établir dans quelles proportions ces trois agents ont concouru à la production, afin que la répartition soit proportionnelle à ce concours, et, par conséquent, si le salaire accordé au travail n'est pas proportionné à la part que cet agent producteur a prise à la production, il faut appeler l'ouvrier au partage des bénéfices. C'est surtout lorsque ces bénéfices sont représentés par la plus-value d'un fonds industriel primitif, qu'il est injuste d'en refuser une part au travail en faveur du capital, et c'est malheureusement ce qui a lieu aujourd'hui par le système du salaire, système évidemment faux et oppresseur, qui constitue un privilège inique pour le capital, et une spoliation ruineuse pour le travail.

M. l'Avocat-général nous parle ensuite des réformateurs moins hardis qui ont demandé que l'industrie fût disciplinée comme le sont certaines professions libérales, telles que celles de notaire, d'avoué, d'agent de change. Pour lui, le privilège et le droit de discipline, appliqué à toutes les industries, c'est tout simplement le rétablissement des anciennes corporations. « Ce sont, dit-il, deux révolutions à effacer de l'histoire ; c'est leur plus belle conquête à effacer de nos lois.» L'orateur se demande ensuite s'ils sont mieux inspirés ceux qui sollicitent pour les arts utiles les formes d'organisation adaptées aux services publics, et veulent faire du gouvernement l'entrepreneur universel et privilégié. Il pense que c'est convier le pouvoir à se faire usurpateur et tyrannique, et que si c'est un moyen sûr de couper court à toute concurrence, il aura aussi pour conséquence de faire cesser toute émulation et toute activité, et de faire tomber l'industrie dans une atonie qui, en arrêtant tout progrès, aura pour résultat d'augmenter les frais de production, de resserrer les voies du travail, de laisser plus de bras inoccupés ; et l'on n'aura réussi qu'à multiplier les causes de cette anarchie, de ces souffrances auxquelles on cherche des remèdes.

Nous ne ferons pas un crime à M. l'Avocat-général de proclamer ainsi l'insuffisance de l'économie politique, aussitôt qu'il s'agit d'y chercher les moyens curatifs de la misère sociale. Nous sommes de ceux chez qui l'école d'Adam Smith, de J.-B. Say, de Malthus, de Ricardo, etc., n'a jamais excité le sentiment d'une admiration bien profonde. Nous ne prétendons pas que les travaux de ces savants aient été tous inutiles, et qu'ils n'aient en rien contribué à préparer la régénération sociale vers laquelle nous marchons; mais en fait d'applications pratiques, la stérilité de leurs vues égale la sécheresse de leur cœur, et ils n'ont su ni montrer ni atteindre le but véritable de la science sociale.

Las de tant de recherches infructueuses, et, confondant dans son dédain tous les systèmes auxquels il a fait successivement un appel inutile, M. l'Avocat-général résume de la manière suivante ses conclusions sur les réformes proposées par les socialistes : « En résumé, dit-il, qu'est-ce, jusqu'à présent, que leur organisation du travail, si ce n'est la servitude et l'immobilité, à la place du libre jeu de nos forces et de cette activité universelle dans laquelle s'alimente et se dépense tour à tour la vie des sociétés modernes ? — Qu'est-ce que leur association, si ce n'est l'oubli de toute idée de justice et de droit, le pauvre violemment associé au bien-être du riche, celui-ci dépouillé sans scrupule au profit de celui-là ? — Il a fallu, Messieurs, je ne le nie pas, de grands efforts d'intelligence pour inventer de pareilles théories sociales, mais il a fallu aussi une étrange confiance pour espérer que l'humanité, se détournant tout-à-coup de ses voies naturelles et justes, se laisserait entraîner à la poursuite de ces fausses lueurs et de leurs trompeuses amorces. »

Nous croyons avoir déjà démontré que l'organisation du travail, basée sur l'association intégrale et harmonique telle que l'École sociétaire en formule le principe, ne serait ni la servitude, ni l'immobilité, et permettrait infiniment mieux que notre régime actuel de fausse liberté, le libre jeu de nos forces et de cette activité universelle qui constitue la vie de la société. Il faudrait être aveugle pour soutenir que l'association, telle que nous l'avons définie, n'est autre chose que l'oubli de toute idée de justice et de droit, le pauvre violemment associé au bien-être du riche, et celui-ci dépouillé sans scrupule au profit de celui-là. Nous disons, nous, que s'il a fallu plus que des efforts d'intelligence pour créer la science sociale sur les bases que le génie de Fourier lui a données, il a fallu, de la part de M. l'Avocat-général, une grande précipitation de jugement, ou un parti pris d'avance de complaire aux préjugés les plus faux et aux préventions les plus absurdes, pour qu'il se soit cru en droit d'envelopper dans une même condamnation des systèmes très-différents les uns des autres, qui tous renferment au moins quelques tendances louables, et parmi lesquels il en est au moins un digne d'un examen réfléchi et consciencieux, auquel notre adversaire ne s'est certainement pas livré. S'il eût examiné le problème social sous toutes ses faces, il aurait vu que la prétendue liberté de l'industrie n'est que la licence et l'anarchie, là où elle n'a pas pour contre-poids l'ordre et la justice, et il aurait pu reconnaître que l'Humanité, au lieu de suivre toujours ses voies naturelles et justes, s'était le plus souvent, jusqu'à présent, laissé entraîner à la poursuite des fausses lueurs et des trompeuses amorces des pseudo-sciences économiques, philosophiques et politiques. Ce sont elles, bien plus que la science sociale moderne, qui ont toujours fait dans leurs essais d'organisation abstraction de l'homme, de ses véritables besoins et de ses droits les plus imprescriptibles, et nous repoussons de toutes nos forces l'application qu'on veut faire à la théorie sociétaire des paroles suivantes :

« Avec les socialistes, il n'est plus besoin de prudence, de courage, de résignation ; tout cela, nécessaire dans notre régime vicieux, ne sert de rien dans l'état social qu'ils nous préparent ; tout y doit fonctionner de soi-même et le bonheur nous arriver sans peine, sans efforts, par la vertu seule des institutions. — Ce sont là des espérances insensées, j'ai presque dit des espérances impies ; car elles ne se réaliseraient qu'en traversant la loi morale qui nous rend responsables de nos actes, et qui veut que le bonheur ou la misère de chacun se mesure par ses vertus ou par ses vices. »

Nous laisserons M. l'Avocat-général faire l'éloge du vertueux Turgot, et se reporter en arrière de son siècle pour être avec un homme qui devançait le sien. Sans doute l'histoire fera vivre avec honneur le nom de celui qui proclama et formula plusieurs années avant la Révolution « le droit de travailler la propriété de tout homme, et cette propriété la première, la plus sacrée, la plus imprescriptible de toutes. » Cette déclaration était excellente à mettre en tête d'un *édit de suppression des jurandes*; mais autre chose est déclarer les droits de l'homme et lui en assurer la jouissance. On sait maintenant jusqu'à quel point la suppression des jurandes a suffi pour assurer à tout homme le droit de vivre ; et si Turgot avait pu en juger par expérience, nous aimons à croire qu'il eût un peu plus sérieusement que M. l'Avocat-général axaminé les divers moyens pratiques d'arriver à garantir l'exercice et la jouissance d'un droit dont il avait si nettemment reconnu la prééminence sur tous les autres.

Après l'examen que nous avons fait du discours de M. Massot, personne ne pourra être étonné de le voir réduire à une action presque négative, l'intervention du législateur dans les conditions du travail. Le rôle de la loi, suivant lui, doit se borner à écarter tout ce qui serait une entrave au libre et régulier exercice du travail, d'arrêter les prétentions iniques, de réprimer les fraudes, de punir tout abus, tout excès, en un mot, d'assurer à chacun protection et sécurité. Il est vrai que si la loi avait la puissance d'atteindre tous ces résultats, fort peu de gens auraient à se plaindre. Mais pour mesurer la distance qui nous sépare de cet idéal, nous n'avons qu'à regarder autour de nous. En attendant que nous puissions le réaliser, joignons-nous à M. l'Avocat-général pour appuyer l'établissement des asiles, des écoles et des caisses d'épargnes, moyens d'une utilité restreinte mais incontestable, et qui préparent l'homme, chaque jour plus libre, plus maître de sa destinée, à voir s'agrandir devant lui les moyens d'améliorer sa condition. « Ce jour, dit M. l'Avocat-général en finissant par une pensée qui vaut mieux, à notre sens, que tout son discours, ce jour, s'il est donné à l'Humanité de l'atteindre, et il faut bien l'espérer, c'est en poursuivant avec courage et persévérance son œuvre de l'affranchissement du travail, commencée depuis tant de siècles, et qui est loin encore d'être complète. »

NOTES.

Note **A**. — Page 22.

L'Ecole sociétaire admet avec Fourier que les passions sont d'origine divine, c'est-à-dire, inhérentes à la nature de l'homme qui a été créé par Dieu. Nous avons dit que dans ce cas, le mot passion était pris dans le sens de *facultés radicales*, de *forces virtuelles* et *constitutives* de l'être. Nous avons insisté aussi sur ce point que l'analyse de ce qu'on appelle vulgairement *passions* avait conduit Fourier à reconnaître que les unes sont des facultés radicales, et les autres ces mêmes facultés considérées dans leur essor bon ou mauvais, et que les premières seules sont considérées par lui comme d'origine divine. L'essor qu'elles prennent dans un sens quelconque est le résultat de l'action humaine elle-même, et constitue pour l'individu un ensemble d'actes bons ou mauvais, dont il a le mérite ou le démérite à tel ou tel degré, suivant que ce bon ou mauvais essor est influencé par d'autres causes que la volonté de l'homme. Il est donc tout-à-fait raisonnable de dire que certaines passions sont d'origine divine, et de les croire bonnes en ce sens qu'elles sont l'œuvre de Dieu. Quant à celles qu'on appelle mauvaises, elles sont le résultat de la déviation des premières, et par conséquent d'origine humaine. Il ne faut donc pas en rendre Dieu responsable. C'est cependant ce que font tous ceux qui professent que le mal radical existe dans l'homme, et que la misère doit malheureusement rester la triste compagne de l'humanité, bien moins, comme le dit M. l'Avocat-général, par l'effet de telle ou telle organisation sociale que, par suite *des vices auxquels notre nature est sujette.* Ceux qui adoptent cette manière de voir n'osent pourtant pas accuser Dieu tout haut de la corruption de notre nature, et, pour se tirer d'affaire, ils avancent, ce qui est vrai suivant nous, que le mal est entré dans le monde par la chute du premier homme, et ils soutiennent, ce qui est faux à notre sens, que cette faute de notre premier père a complètement changé notre nature, et incarné dans l'espèce entière le mal radical, c'est-à-dire, une corruption fondamentale, constitutionnelle, et à jamais irréparable autrement que par l'intervention divine. Nous ne voulons point à ce sujet entrer dans une discussion théologique; comme article de foi, nous n'attaquons ni la croyance au péché originel, ni la nécessité de la rédemption et du baptême. Mais comme cette opinion a été soutenue philosophiquement, c'est un débat purement philosophique que nous voulons engager ici.

Or, ceux qui veulent démontrer que l'homme est mauvais, qu'il a le mal en lui, et que tout le mal qui existe dans le monde y est entré par lui, tirent leurs preuves de ce que l'homme est dans des rapports faux avec Dieu, avec ses semblables et avec lui-même. « Il est, disent-ils, dans des rapports faux avec Dieu, puisque le plus grand nombre des religions sont fausses. Il est dans des rapports faux avec ses semblables, puisque l'esclavage, l'oppression, la misère ont été le partage des peuples, et que dans la société chrétienne elle-même, la pratique incomplète des devoirs que la Religion trace aux hommes, y laisse subsister encore de grands maux : le vice et la misère. Mais c'est surtout avec lui-même que l'homme est dans des rapports essentiellement faux : l'homme est radicalement mauvais depuis la chute, il porte le mal en lui dès sa naissance et par le fait même de sa nature. Ici on nous représente le premier homme comme un être pour la formation duquel Dieu a emprunté un élément au monde fini, le corps, et un élément au monde infini, à lui-même, l'âme. Cet être complexe, mais un, ayant un élément matériel et un élément divin, était par conséquent soumis dans ses actions à deux lois, 1° à celle de l'attraction matérielle; 2° à celle de l'attraction divine. Or, le premier homme ayant péché, *l'attraction divine a cessé en lui.*

Telle a été la faute d'Adam. Comment est-elle devenue pour nous une faute originelle? Comment la faute d'Adam nous fait-elle naître dans le péché, dans le mal?

L'imputabilité d'une faute présente trois degrés : 1° la perpétration; 2° la complicité; 3° la solidarité. Evidemment nous n'avons pas commis nous-mêmes la faute d'Adam et nous n'en avons pas été complices. Nous n'en éprouvons ni remords, ni repentir. Mais la faute d'Adam nous est imputable par solidarité. Le sang d'Adam est en nous, et notre chair a péché dans la chair d'Adam. C'est l'image de la solidarité que le monde admet entre les générations successives d'un peuple, d'une famille, d'une dynastie. » Telle est la doctrine qu'on nous oppose. Voyons comment la raison peut l'accueillir.

D'abord elle dira que c'est une idée essentiellement fausse que de représenter la première faute comme étant, ou comme produisant la cessation de la loi de l'attraction divine, qui, de concert avec l'attraction matérielle, constituait la nature de l'homme et déterminait son existence même. Comment! voilà un être soumis dans sa constitution et dans son action à deux lois, puisqu'il est formé de deux éléments; vous admettez qu'une de ces deux lois cesse, parce qu'il a péché, c'est-à-dire obéi, d'une manière coupable, il est vrai, mais enfin obéi, à l'attraction matérielle, et vous ne comprenez pas que la cessation de l'attraction divine, c'est la destruction de

l'élément divin ; que c'est sa séparation d'avec l'élément matériel, que c'est, en un mot, la désorganisation de l'être, sa
destruction, sa mort tout entière! Un être composé de deux
éléments constitutifs cesse d'exister, si l'un de ces éléments
n'existe plus, ou s'il est séparé de l'autre. Il serait vrai de
dire, ou du moins la raison pourrait le comprendre, que
par le péché l'attraction divine a diminué, mais non cessé ;
ce serait une manière heureuse, quoique métaphorique, de
rendre un fait réel ; car nous concevons assez bien, nous sentons clairement, en quelque sorte, que chacune de nos fau-
tes diminue l'attraction divine en nous, mais ne l'éteint pas.
A quelque degré que cette attraction divine puisse diminuer,
elle ne peut cesser sans détruire la vie de l'âme. Nous pouvons en juger tous les jours chez les hommes les plus pervertis,
à moins que l'habitude du vice n'ait amené chez eux un
abrutissement qui n'est alors qu'une forme de l'aliénation
mentale, c'est-à-dire, une maladie. N'est-il pas certain qu'on
trouve encore chez les plus infimes scélérats quelques notions
du bien, quelques lueurs de vertu, quelques fibres capables
de vibrer à certains sentiments d'honneur, d'amour, de dé-
voûment ? En un mot, l'habitude du crime n'aboutit jamais
complètement à détruire dans l'homme la tendance au bien,
et à produire en lui un mal radical, c'est-à-dire inhérent à
sa nature et à son existence.

Qu'on nous permette d'invoquer à l'appui de notre opinion
l'autorité de saint Augustin. « Tous les êtres dont se compose
« la nature, a dit ce Père de l'Église, sont bons, puisque le
« Créateur de la nature est lui-même le souverain bien ; mais
« comme ils ne peuvent être ni souverainement ni immua-
« blement bons, ainsi que celui qui les a créés, leur bonté
« est susceptible de diminuer ou d'augmenter. Or, la dimi-
« nution d'un bien est un mal, quoique tant que le bien est
« susceptible de diminuer, l'être conserve toujours quelque
« chose de ce qu'il était par sa nature, c'est-à-dire, est tou-

« jours bon , jusqu'à ce qu'il cesse absolument d'exister ;
« et , quelque petite que soit la portion de bonté qui lui
« reste, cette bonté, qui lui est essentielle , ne peut être
« tout à fait détruite , à moins qu'il ne soit lui-même anéanti.

« .... Lorsqu'une substance vient à se corrompre , la cor-
« ruption n'est un mal pour elle que parce qu'elle la prive de
« quelque bien ; car si la corruption ne lui ôtait aucun bien,
« elle ne lui serait pas nuisible ; or, elle lui est nuisible, donc
« on ne peut pas dire qu'elle ne lui ôte aucun bien. Ainsi,
« tant qu'une substance est susceptible d'être corrompue, c'est
« qu'il lui reste encore quelque bien dont elle ne peut être
« privée ; conséquemment s'il restait à cette substance quel-
« que bien que la corruption ne pût lui enlever, elle serait
« alors incorruptible, et la corruption n'aurait fait que la ren-
« dre un bien plus parfait. Au contraire si elle ne cesse pas
« d'être sujette à la corruption par cela même elle ne cesse
« pas d'avoir une bonté quelconque, afin qu'il soit possible à
« la corruption de l'en priver. Que si elle est tout à fait anéan-
« tie , alors elle cessera d'avoir de la bonté ; mais c'est qu'elle
« cessera en même temps d'être. Ainsi donc, la corruption ne
« peut anéantir le bien qu'en détruisant la substance elle-
« même ; d'où il faut conclure que toute substance est réelle-
« ment bonne.... Il n'y a donc réellement rien qu'on puisse
« appeler mauvais que ce qui est bon ; mais le bien qui n'est
« mélangé d'aucun mal est le souverain bien, tandis que celui
« qui est mêlé de mal est un bien détérioré ou susceptible de
« l'être. Par conséquent encore, le mal ne peut pas exister où
« il n'y a pas de bien ; d'où il arrive, d'une manière bien éton-
« nante, que celui qui dit qu'une substance vicieuse est une
« mauvaise substance ne fait autre chose que dire qu'un bien
« est un mal, et qu'il n'est un mal que parce qu'il est un bien,
« puisque toute substance est un bien en tant qu'elle est subs-
« tance et qu'une chose ne peut être mauvaise , à moins que

« cette chose ne soit une substance. Il n'y a donc aucun mal
« que ce qui est un bien..... (1) »

N'est-ce pas dire en d'autres termes que le mal radical, ab-
solu, réel, n'existe pas dans un être quelconque ! Ce que ne
peuvent faire actuellement les péchés les plus énormes et les
plus nombreux, un seul, ou plutôt le premier, celui d'Adam
n'a pu le produire. Adam avant sa faute, était capable de bien
et de mal, il était bon ; après sa faute il a été moins bon, mais
non mauvais ; il nous a enfantés dans l'état où il était, c'est-
à-dire moins bons mais non mauvais. La tendance au bien
est devenue en nous, par suite du péché d'Adam, moins forte
qu'elle n'était en lui avant sa faute ; mais on ne peut pas dire
que cette faute ait créé pour Adam et ses enfants la tendance
au mal. En effet, le péché du premier homme prouve que la
tendance au mal existait antérieurement en lui ; puisque,
Dieu l'ayant doué de liberté et d'intelligence, Adam était capable de bien et de mal.

La corruption d'Adam a-t-elle porté sur son être tout entier ou sur l'un de ces deux éléments ; est-ce l'âme ou la chair
qui a été corrompue ? La corruption de l'âme comme substance est impossible à comprendre ; je ne puis me faire aucune idée de ce que serait la tache, la souillure, comme on
dit, d'un principe immatériel que sa nature rend impérissable,
immuable, et dont les modifications intimes, si elles sont possi-
bles, échappent complètement à mon observation. Il est bien
plus rationnel de placer la corruption et la corruptibilité dans
la chair. Il existe peut-être sur ce point une solution scientifique que nous allons essayer de donner.

L'instrument des facultés morales de l'homme est le cerveau, l'ame est le principe qui le met en jeu. Cet instrument
fonctionne bien ou mal suivant que l'ame douée de liberté lui
commande bien ou mal, et aussi suivant qu'il est lui-même

(1) Enchiridion, chapitre IV.

dans de bonnes ou mauvaises conditions d'organisation. Le même homme avec tel ou tel cerveau sera moral de telle ou telle manière. Ce fait bien entendu n'est pas du tout du matérialisme, comme on pourrait le croire, et c'est un fait d'ailleurs dont les sciences physiologiques admettent l'évidence.

Or, le cerveau qui agit vicieusement, qui exécute une action mauvaise, est modifié par cette fonction dans sa nutrition propre. La molécule qu'il s'assimile dans cet état de tension vitale et fonctionnelle n'est pas la même que s'il était dans un état de tension vitale et fonctionnelle pour le bien ; il en résulte que par la succession et la répétition de ces actes vicieux, le cerveau peut finir par être profondément altéré, vicié dans sa structure intime ; telle partie du cerveau qui agit avec plus d'énergie se développe pendant que telle autre laissée dans le repos s'atrophie. La loi de ces changements est la même qui régit le développement des autres organes, qui, par exemple, amène un surcroît de développement dans les membres inférieurs chez le danseur, ou dans les bras chez le boulanger. Voilà ce que peut être la corruption de la chair, c'est-à-dire du cerveau, par les actions mauvaises que nous sommes capables de commettre, et cette corruption de la chair, augmentant à chaque faute, se révèle par l'augmentation de la tendance au mal, de telle sorte qu'à force de crimes, comme on le voit chez les méchants endurcis, la tendance au mal est presque exclusive, et la tendance au bien presque détruite. Par contre, si l'homme qui a fait une première faute, s'éclairant par le remords, sent qu'il aurait mieux fait d'obéir à la voix de sa conscience ; si, reprenant courage, il s'applique à éviter toute faute nouvelle ; s'il tend au bien avec plus d'énergie ; s'il le fait plus souvent ; un mouvement nutritif en sens inverse du premier s'opèrera dans l'instrument de ses facultés morales, et, au bout d'un certain temps, sa chair corrompue par le péché aura recouvré sa pureté primitive, elle sera véritablement réhabilitée. Tel est le mécanisme physiologique de la corruption et de la purification de la chair.

Or, comme les conditions de l'organisme vivant sont jusqu'à un certain point transmissibles par la naissance, on conçoit qu'un enfant hérite d'un organisme en général, ou d'un organe en particulier, d'un cerveau, par exemple, dans lequel la corruption existe à un plus ou moins haut degré. Mais, dans ce cas, la réhabilitation est toujours possible, et, de même qu'une maladie héréditaire peut disparaître par l'influence d'une bonne hygiène dès la première génération, ou du moins au bout de quelques unes, de même, par une bonne éducation qui n'est autre chose qu'une bonne hygiène morale, la corruption de l'instrument des facultés morales peut aussi s'effacer graduellement et d'une manière complète. Les faits bien observés nous montrent chaque jour l'accomplissement de cette loi admirable.

En somme, on ne peut pas dire que le mal soit en nous en naissant. Il y a seulement une disposition organique, une tendance plus ou moins grande au mal, tendance qui n'est pas le mal lui-même, puisqu'elle existait chez Adam et qu'il serait aussi absurde que contraire à la bonté de Dieu de dire qu'Adam a été créé avec le mal en lui.

Tel est, suivant nous, le genre de solidarité qui lie une génération avec la génération précédente, telle est la seule explication du mal originel que la raison puisse admettre. Le mal moral héréditaire dans l'homme est soumis dans son évolution à la même loi que la maladie; il se produit, se transmet et peut se guérir de la même manière.

Si maintenant, outre cette espèce de solidarité de la chair que nous venons d'exposer, on veut expliquer la transmission du péché d'Adam par une solidarité morale proprement dite, ou spirituelle, la raison ne pourra que difficilement encore admettre cette explication. La solidarité morale ne peut s'entendre que comme une responsabilité; et celle-ci n'existe qu'après un engagement contracté, une participation de volonté ou d'action à l'acte dont on est responsable. Il n'y a pas faute ou péché sans action ou sans intention. Or, qu'elle participation a pu prendre au péché de son père un enfant né après ce péché? Son ame, sa volonté n'existaient pas lorsque le péché a été commis, et son ame, sa volonté seraient considérés comme responsables, c'est-à-dire comme coupables? La raison ne peut l'admettre.

« Mais pourquoi, nous dit-on, la solidarité morale du péché paternel n'existerait-elle pas, quand on voit l'honneur ou l'infamie d'un homme rejaillir sur toute une famille et sur ses descendants, l'honneur ou l'infamie d'une génération retomber sur les générations suivantes de la même nation? Les Français d'aujourd'hui ne sont-ils pas pour le mal comme pour le bien solidaires des Français d'autrefois? » Eh bien! non; le lien dont on parle n'est point une véritable solidarité, car il n'est admis qu'en vertu d'un préjugé que la raison bat en brèche chaque jour et qu'elle finira par détruire. Lorsqu'un criminel est atteint par la justice des hommes, son crime l'a rendu coupable et malheureux; mais son fils, qui hérite sans doute des conditions de malheur créées par la faute de son père, n'hérite nullement de sa culpabilité, et si la réprobation de la société a justement puni le père, c'est injustement qu'elle s'attache au fils. Nous sentons tous que cette injustice n'est plus qu'un préjugé social qui va en s'affaiblissant par le progrès de l'intelligence humaine, et que la solidarité morale héréditaire n'a aucune réalité aux yeux de la raison. Donc, par le fait de notre père Adam, nous avons pu naître dans le malheur, mais non dans le mal, et notre nature, considérée dans ce qu'elle a de radical et de fondamental, ne diffère point de celle de notre premier père qui, comme nous, avait la liberté et la puissance de faire le bien ou le mal!

Nous n'irons pas plus avant dans l'examen de cette question du mal qui mériterait beaucoup plus de développement que nous ne pouvons lui en donner ici. Nous avons voulu nous borner à un aperçu qui nous paraît nouveau, juste et utile à la solution du problème devant lequel se heurtent encore plusieurs écoles philosophiques. Nous ne parlerons pas de cette conclusion naïve à laquelle sont arrivés certains philosophes qui ne reconnaissent d'autre mal pour l'homme que d'être un être fini. Il est, en effet, dommage pour nous que nous ne soyons pas Dieu lui-même; mais apparemment Dieu n'a pas cru mal faire de nous placer au-dessous de lui, et, par conséquent, la destinée qu'il nous a commandé d'atteindre dans ce monde étant une destinée finie, ce n'est point un mal pour nous que d'avoir une existence finie. Le seul mal pour l'homme, c'est de ne pas remplir sa destinée; celui qui la remplit sera nécessairement dans la voie de Dieu, et par conséquent aura fait tout ce qu'il convenait de faire pour se préparer à poursuivre la destinée qui s'ouvrira devant lui après sa mort. Il aura ainsi, dès cette vie, tout le bien qu'il est susceptible d'avoir, et il sera parfaitement en harmonie avec les vues de Dieu.

Revenons aux passions d'origine divine admises par Fourier. Elles sont, avons-nous dit, au nombre de douze. Quatre d'entre elles jouent le rôle le plus essentiel au point de vue de la sociabilité. Ce sont : *l'amitié*, *l'amour*, le *familisme* et *l'ambition*. Je ne pense pas que l'on nie l'existence de ces penchants qui rapprochent l'homme de ses semblables. Trois autres jouent un rôle essentiel dans l'organisation des rapports d'amitié, d'amour, de familisme et d'ambition que les hommes ont entre eux; ce sont: *l'enthousiasme*, *l'émulation* et la *variété*. L'enthousiasme nous rend souvent heureux et double nos forces; nous en sentons souvent le besoin, et rien ne nous déplairait plus qu'une tiédeur continuelle dans nos sentiments et nos actes; et comme l'enthousiasme s'éveille en nous surtout par le contact de nos semblables, et lorsque nous partageons leurs sentiments, leurs jouissances et leurs désirs, on voit que le besoin d'enthousiasme, le penchant à l'enthousiasme, en un mot, la passion de l'enthousiasme est véritablement une faculté de l'homme. L'émulation préside aussi à une grande partie des relations des hommes ; sans elle ils seraient privés d'un mobile très-puissant ; sans elle ils seraient malheureux ou moins heureux, par conséquent le besoin de rivalité et d'émulation est une passion naturelle qui conduit les hommes à se hiérarchiser, à créer le principe d'autorité et de subordination, et qui a son point de départ dans l'inégalité primordiale des organisations humaines, et dans l'inégalité secondaire des mérites attachés à leurs actions. Enfin l'homme est organisé de telle manière que la variété lui est indispensable dans ses actes. L'uniformité absolue, la persistance, la continuité engendrent une monotonie insupportable et une fatigue contraire aux lois de la vie. Donc le besoin de variété est fondamental chez l'homme. Quant aux cinq autres passions, elles jouent chez l'homme un rôle moins important au point de vue social que les sept premières. Elles se rapportent à la tendance au bien-être et aux jouissances que nous procurent les cinq sens ; elles nous conduisent à ce qu'on appelle le *luxe* ou le *comfort*. Limitées dans leur développement par la prépondérance des quatre passions cardinales affectives, par le jeu des trois distributives, les cinq sensitives ne sont dangereuses dans leur essor que lorsque celui-ci n'est pas concilié avec l'essor des sept autres passions ; c'est ce qui se voit tous les jours dans notre société où le luxe du goût, par exemple, conduit à la gourmandise, à l'ivrognerie, etc. Dans l'état sociétaire rien n'est mieux prévu que les contre-poids nécessaires pour maintenir les passions sensitives dans un état d'accord et d'harmonie avec les sept passions animiques.

Telle est en substance l'analyse des passions donnée par Fourier. On voit qu'elle n'autorise personne à dire qu'il a voulu légitimer, outre les douze passions radicales, toutes les autres passions vulgairement admises, en leur donnant une origine divine. Il faut, pour être juste, et avant d'examiner si cette analyse est complète, reconnaître que les douze passions que nous venons d'énumérer sont effectivement radicales chez l'homme et, par conséquent, d'origine divine; qu'ensuite, leur essor, en tant qu'il est convenablement dirigé, n'a rien que d'excellent et de conforme à la destinée de l'homme; enfin, que si leur essor est parfois subversif, c'est par le fait de telles ou telles conditions qui ne sont pas inhérentes à la passion elle-même, et que ces circonstances étant modifiées, l'essor serait aussi changé. Voilà ce qui nous paraît incontestable. Quant à l'analyse des passions en elle-même, quant à savoir si elle est complète, si elle est bien faite, cet examen ne peut être abordé ici. Qu'on lise les écrits de Fourier et ceux de l'École sociétaire, on verra ensuite comment on devra se prononcer sur cette grande et importante question.

Note **B**. — Page 23.

Les personnes qui ne connaissent que superficiellement les écrits de Fourier et de son École, portent en général un jugement si faux sur la psychologie de ce savant, que nous ne pouvons résister au désir de publier ici par avance une partie des considérations préliminaires d'un travail qui n'est pas encore achevé. Ces considérations ne paraîtront peut-être pas déplacées dans la discussion que le discours de M. l'Avocat-général nous a fait entreprendre.

Extrait d'un travail inédit intitulé : ESQUISSE D'UNE NOUVELLE PSYCHOLOGIE.

« Aucune étude n'est peut-être plus difficile et à la fois plus attrayante que celle de notre propre nature. Lorsque l'esprit humain, pénétrant dans les profondeurs de sa pensée, examine l'un après l'autre les rouages dont le mouvement constitue ses actes intérieurs, qu'il analyse leurs rapports et leurs contrastes, qu'il saisit leur engrènement et comprend leur mécanisme; lorsqu'il peut, avec le sens intime qui lui sert de flambeau, sonder ses replis les plus mystérieux et les plus inaccessibles à l'examen des sens extérieurs, un monde nouveau, riche, immense, s'ouvre à ses regards, et d'ineffables jouissances signalent chaque pas qui le fait avancer dans la connaissance de lui-même.

« D'ailleurs aucun problème n'a été abordé par un plus grand nombre d'esprits supérieurs. Toutes les écoles philosophiques en ont cherché la solution, et ont pris celle qu'elles ont trouvée pour base de leurs doctrines. Le sensualisme et le matérialisme ne se sont pas moins appuyés sur l'étude de l'homme que le rationalisme et l'idéalisme; et parmi les innombrables sectes qui, de près ou de loin, se rattachent à ces grandes écoles, il n'en est pas une qui ne se soit guidée d'après la même étude pour soutenir et défendre des opinions plus ou moins dissidentes. Enfin, l'éclectisme, qui a toujours cherché à tenir le milieu et la balance entre les systèmes opposés, n'a été conduit à ses doctrines mixtes que par une étude embrassant plus complètement les facultés de la sensibilité et celles de la raison.

« Ainsi nous reconnaissons que la philosophie, dans sa marche progressive depuis les Sages de la Grèce jusqu'à nos jours, n'a pas cessé, en général, d'être fidèle au précepte de l'oracle, *connais-toi toi-même.* Cependant l'histoire nous montre à chaque page, les philosophes s'accusant à l'envi les uns les autres d'oublier le divin commandement, pendant que chacun d'entre eux a la prétention de l'avoir seul observé. Sans doute l'étude du *moi* n'a pas toujours été bien faite, et il est permis de croire que les progrès de l'art d'observer dus aux nouvelles et meilleures méthodes dont les sciences se sont lentement enrichies, ont donné aux philosophes modernes une supériorité réelle sur ceux des temps anciens. N'en a-t-il pas été ainsi de toutes les sciences ? La chimie, par exemple, chez les Grecs , n'admettait que quatre éléments ; aujourd'hui, par des méthodes d'investigation plus puissantes , nous sommes arrivés à connaître plus de cinquante corps simples. La philosophie aussi n'a d'abord eu que des notions grossières sur la nature de l'homme. C'est graduellement, et par les efforts d'une foule d'hommes de génie, que ces notions sont devenues plus claires , plus précises , plus complètes , et qu'elles se sont dégagées des ténèbres qui les enveloppaient dans l'enfance de la science.

« Il nous semblerait donc injuste de ne pas reconnaître que la philosophie, comme les autres sciences, a marché jusqu'ici avec honneur dans la voie du progrès, et de lui contester la part importante qu'elle a prise au développement de l'humanité. Après les croyances religieuses, les doctrines philosophiques ont été la source des plus grands mouvements imprimés au genre humain dans la série des phases qu'il a déjà parcourues. Leur influence s'est aussi bien fait sentir dans la sphère de la vie publique par la politique que dans celle de la vie privée par la morale ; et, par leur action réfléchie sur tout ce qui avait avec elle le moindre contact, elles ont influé sur la marche des sciences et des arts , en dirigeant leurs pas au flambeau des nouvelles méthodes , et en leur expliquant le but qu'ils pouvaient et devaient atteindre.

« Est-ce à dire que le bagage philosophique légué au présent par le passé , quoique réduit à une partie minime des travaux entassés depuis vingt-cinq siècles , ait été assez épuré ? Ne contient-il plus aucune erreur , et renferme-t-il déjà un ensemble complet de vérités qui n'ont plus besoin que d'être développées dans leurs applications ? Non sans doute. Si nous savons aujourd'hui certaines choses inconnues à la philosophie au temps de Pythagore ou d'Aristote, ce qui nous reste à apprendre est encore si vaste , que nous n'en saurions assigner les limites. Mais, comme l'ambition nous rend insatiables de richesses et d'honneurs, de même la contemplation des admirables conquêtes que nous avons su faire dans le domaine des vérités philosophiques, ne fait qu'exciter en nous le désir d'acquérir celles qui nous manquent et nous fait chercher de nouvelles forces dans les progrès accomplis.

« Il n'entre pas dans le plan de ce travail qui doit être essentiellement synthétique, de nous livrer à un examen historique et critique des travaux des philosophes anciens et modernes. Faire parade d'une érudition à laquelle nos occupations habituelles ne nous permettraient pas de donner un cachet original, nous serait peu utile pour atteindre notre but. En effet, le point de départ des idées nouvelles que nous voulons exposer est tout entier, d'une part, dans les notions généralement acceptées par les écoles philosophiques de nos jours, et, d'autre part, dans les conceptions d'une école spéciale qui n'est pas, à proprement parler, une école philosophique ; mais qui, dans l'ensemble de ses doctrines, comprend la solution de certaines questions de psychologie : c'est de l'École sociétaire fondée par Ch. Fourier que nous voulons parler. Cette École qui, comme tout ce qui doit vivre, grandit lentement et en s'assurant de ses forces à chaque pas qu'elle fait vers la conquête de l'avenir, cette École ne se propose en réalité rien de moins que de régénérer, dans un avenir plus ou moins lointain, les bases de plusieurs sciences, et, en particulier, celles de la cosmogonie et de la métaphysique. Mais le but vers lequel elle marche résolument dès ce jour est la réalisation prochaine d'une meilleure organisation sociale, et l'établissement d'une politique générale radicalement différente de celle qui jusqu'ici a gouverné le monde. De ces deux essors, le premier a dû être, et sera probablement encore pendant quelques années, le moins actif, le moins rapide, tant qu'il sera nécessaire de diriger toutes les forces militantes de l'École vers l'essai du mécanisme social dont il importe avant tout de propager la connaissance. Il est toutefois bien certain que si les doctrines de l'École ne renfermaient pas la solution des deux problèmes, on ne pourrait nullement songer à résoudre celui des deux qui ne se présente en réalité que comme la conséquence de l'autre, bien qu'il doive être mis le premier en lumière dans le monde. Comme l'immense majorité des hommes se préoccupent peu des bases philosophiques d'un système, et n'ont besoin, pour le juger, que des lumières du bon sens ou de la preuve expérimentale, une adhésion générale sur l'organisation nouvelle de la société pourrait être donnée aux doctrines de Fourier bien avant que la partie transcendante de son système eût été complètement discutée. Ces remarques expliquent, ce nous semble, d'une manière satisfaisante la marche suivie jusqu'à ce jour par l'École sociétaire qui, à part quelques manifestations individuelles, s'est fort peu attachée à défendre les conceptions dites transcendantes du système de Fourier.

« Cependant, parmi ces conceptions, il en est une d'une valeur trop haute, et surtout d'une portée trop immédiate, pour que la discussion puisse en être ajournée à une époque ultérieure; c'est celle dont Fourier a déduit directement la nécessité d'une nouvelle forme sociale; c'est, disons-nous, celle du système passionnel de l'homme, puisque, comme nous le dirons un peu plus loin, le système passionnel, dans le langage de Fourier, n'est autre chose que l'ensemble des facultés par l'exercice desquelles l'homme est appelé à vivre en société avec ses semblables. Tout système social qui ne reposerait pas sur une étude approfondie de la sociabilité humaine, pécherait par la base, et ne pourrait ni devrait inspirer la moindre confiance. La psychologie passionnelle de Fourier a donc dû être immédiatement présentée à la discussion des philosophes, et l'École n'ayant à cet égard aucune réserve à faire, aucun délai à demander, n'a proposé aucun ajournement. Elle ne l'aurait pu sans enfreindre les lois de la logique, tandis qu'il lui est parfaitement permis de remettre à une autre époque la discussion des principes qui ne sont point immédiatement nécessaires à l'accomplissement de son œuvre. Autant elle eût été faible et mal habile en reculant dans le premier cas, autant elle montre sa force et sa sagesse en restant sur la défensive à l'égard de celles des idées de Fourier dont l'application ne sera possible et convenable qu'à une époque ultérieure.

« La psychologie passionnelle de Fourier est une œuvre digne en tous points des autres découvertes de ce génie vraiment supérieur. On s'étonne d'abord de sa simplicité, mais pour l'admirer, et surtout pour la comprendre dans toute sa vérité et la poursuivre dans toutes ses conséquences, il faut toute la sagacité et toute l'étendue d'un esprit exercé aux investigations philosophiques. Présenté sous une forme synthétique, le tableau des passions occupe si peu de place, qu'on se surprend d'abord à douter qu'il soit réellement complet. Mais quand on suit Fourier dans l'analyse de chaque partie, on comprend bientôt que cette simplicité apparente voile des détails d'une richesse infinie. Si la synthèse nous a fait connaître en commençant l'enchaînement des conceptions fondamentales, l'analyse nous en révèle ensuite toutes les déductions, toutes les applications, jusqu'à ce que l'immensité des faits particuliers brille à nos yeux dans l'unité du principe.

« Cependant, quelques critiques ont accusé la philosophie de Fourier d'insuffisance; c'est une pauvre psychologie, ont-ils dit, que celle de Fourier. Il y a bien autre chose dans l'homme que les passions, et tous ses actes n'ont pas l'essor passionnel pour seul point de départ.—Le reproche serait fondé si Fourier avait eu la prétention, en donnant une nouvelle analyse des facultés passionnelles, d'y renfermer toute la psychologie de l'homme. Nulle part Fourier n'a dit ou voulu dire que dans l'homme il n'y a rien autre que la passion; au contraire, il a positivement considéré l'intelligence comme distincte de la passion et comme le principe régulateur du mouvement passionnel; mais il a ajouté que n'étant pas, lui, idéologue, il ne s'était pas préoccupé de faire une étude spéciale et nouvelle de l'intellect humain (1). Il est encore implicite-

(1) « Etranger à cette science (l'idéologie), dont je n'ai pu, malgré quelques lectures, acquérir aucune connaissance, je ne peux pas l'envelopper dans la disgrâce des quatre autres. Je me borne à exprimer sur son compte des opinions négatives.

« Les idéologues paraissent avoir besoin de quelque fanal encore inconnu; car on leur reproche de n'arriver qu'au cercle vicieux, se perdre dans les subtilités, et, en dernière analyse, n'être intelligibles ni aux lecteurs, ni à eux-mêmes ; ainsi opinent les critiques. Chaque jour un nouveau système vient répandre sur l'idéologie de nouveaux torrents de lumière ; d'où il faudrait conclure que ceux de la veille étaient des torrents de ténèbres. On se défie d'une science où le dernier venu dément toujours ses devanciers : Condillac est renversé par Kant, qui, à son tour, est renversé par Fichte ; lequel bientôt est abattu par Schelling, et celui-ci par Ried ou Ancillon, qu'un autre abattra demain, si ce n'est déjà fait. Le monde idéologique est l'image des partis de 94.

« Les vrais savants ne se culbutent pas ainsi à tour de rôle; on ne voit pas qu'aucun géomètre ait infirmé ni tenté d'infirmer les doctrines d'Euclide, ni que la médecine moderne ait voulu détrôner Hippocrate. Au reste, je ne saurais émettre aucune opinion positive contre la science idéologique, et je me borne à lui communiquer un doute, n'étant point en état de la juger. Si cette science est utile à diriger l'esprit humain, comment se fait-il qu'elle ne l'ait dirigé vers aucune des études utiles qui lui restaient à faire, entre autres celle de l'association industrielle, et de l'attraction passionnée ?

« Répliquera-t-elle que ses fonctions sont purement analytiques, bornées à expliquer la génération et le mécanisme des idées ; rôle passif et parasite ! On a besoin d'une science qui opère activement et utilement sur les idées, et qui sache les diriger au but, à la recherche du mécanisme d'harmonie unitaire que Dieu assigna au monde matériel et passionnel. » (*Fourier, Théorie de l'unité universelle*, premier volume, page 29 de l'avant-propos, édit. des *OEuvres complètes*.)

ment démontré pour tous ceux qu'une étude sérieuse a mis à même de comprendre Fourier, que l'homme, considéré au point de vue religieux, n'a pas été le principal objet de ses recherches. Sans doute ses ouvrages renferment un grand nombre de pensées relatives aux fonctions de l'entendement et au développement du sentiment religieux, et nul homme n'a peut-être fait davantage pour préparer une base philosophique aux principes religieux. Mais, encore une fois, ces deux ordres de connaissances n'interviennent, en général, dans ses écrits qu'autant qu'il a besoin de trouver en elles un appui pour les doctrines sur lesquelles il fait reposer son système social. C'est ainsi qu'il fait souvent appel aux attributs de Dieu, à sa bonté et à sa puissance infinies, à son universelle providence, pour justifier l'organisation sociale qu'il propose comme propre à conduire l'homme au bonheur. Le problème des destinées de l'homme et de l'humanité ne peut être en effet discuté ni résolu sans le flambeau des révélations divines qui nous aident à sonder les vues de l'éternelle sagesse. Aussi, les idées religieuses de Fourier occupent-elles assez de place dans ses écrits pour qu'on ne puisse, sans injustice, lui reprocher des négations dont un esprit aussi profondément religieux que le sien était incapable ; mais il n'a, en définitive, ni proposé une nouvelle religion, ni changé les bases de la Théodicée.

« Cet aperçu général des travaux de Fourier et de la marche de son École, au point de vue des faits qui rentrent dans le domaine de la philosophie, nous a conduit à diriger de ce côté nos réflexions et nos efforts, dans l'espoir qu'à l'aide des méthodes qui ont amené Fourier à ses grandes découvertes, nous serions peut-être assez heureux pour combler au moins en partie les lacunes qui lui ont été injustement reprochées. Nous disons injustement ; car, qui aurait le droit de demander au génie : « Pourquoi n'as-tu pas fait ceci, puis cela ? » La découverte du nouveau monde a commencé par une île. Colomb n'a-t-il donc pas mérité sa gloire parce qu'il n'a pas abordé tous les pays dont la conquête a bientôt après lui immortalisé Vespuce, Cortez, Cabral, Pizarre, Almagro, Pinçon, Magellan et tant d'autres. Fourier qui a aussi découvert un nouveau monde n'a pu en parcourir ni en décrire toutes les provinces. Mais s'il n'a pas tout fait, il nous a laissé du moins sa méthode; il nous a tracé la route et montré le but. A nous donc nouveaux navigateurs, de nous armer de sa boussole et de nous inspirer de son génie. D'immenses et glorieuses conquêtes nous attendent ! »

Note C. — Page 24.

Le mot d'*Association* est souvent employé; il en est peu de plus mal définis, de plus mal compris. On l'applique à une foule de faits qui ne sont nullement des faits d'Association. Il faut donc distinguer celle qui est vraie de celle qui est fausse. La première, qui *seule* mérite son nom, se caractérise: 1.º *par l'unité d'effort, d'action et de but entre tous les associés ;* 2.º *par leur libre concours ;* 3.º *par une juste participation de chacun au produit créé par tous.* Elle réalise la convergence des intérêts, l'accord de l'intérêt privé avec l'intérêt général, en d'autres termes, l'*Unité de l'homme avec ses semblables.* La formule de ces rapports harmoniques, dans l'industrie, se traduit par ces mots : *association du capital, du travail et du talent.* Un caractère non moins *essentiel* de la véritable Association, c'est qu'elle s'applique à des *éléments divers ;* sans cela elle ne serait point harmonique, elle ne serait ni vraie, ni bonne. Si, en effet, elle réunissait des éléments identiques, elle ne serait autre chose qu'une addition, ou la conversion d'une petite chose en une plus grande. Ainsi, deux capitalistes qui réunissent leurs capitaux s'unissent, mais ne s'associent pas, puisqu'ils ajoutent un capital à un autre capital ; une unité à une autre unité de même nature ; cette opération n'est qu'une addition. L'élément travail ou l'ouvrier, en se réunissant à un autre ouvrier, n'opère pas davantage une véritable association, et, dans les cas très communs où ces additions produisent une masse puissante, le capital ou le travail lui-même peut devenir oppressif, tyrannique, vis-à-vis des autres agents ou éléments producteurs, il y a alors ce qu'on appelle *coalition*, soit des ouvriers ou du travail contre le capital, soit des capitalistes ou du capital contre le travail. Ce nom de coalition s'applique avec autant de vérité aux capitalistes qu'aux ouvriers, suivant les cas.

Si l'on prenait garde seulement à l'étymologie et au sens littéral du mot *association*, on éviterait la confusion dans laquelle tombent presque toutes les personnes qui s'en servent. L'idée qu'exprime le mot *socius* est celle d'une chose ou plutôt d'un être qui est semblable à un autre être, mais non identique ; ces deux êtres sont associables, mais non identifiables ; chacun d'eux doit conserver sa personnalité, tout en se pliant à une certaine dépendance réciproque. Or, ce rapport de combinaison, de composition, en un mot, d'association, est tout-à-fait impossible, quand on ajoute l'un à l'autre des éléments identiques. L'union ou l'addition n'est donc pas une véritable association.

En chimie, on trouve une loi analogue. On peut ajouter un litre d'oxigène à un litre d'oxigène, mais on ne produira ainsi ni combinaison, ni association ; par conséquent. Qu'on mélange, au contraire, dans certaines proportions et dans des conditions déterminées, un litre d'oxigène et deux litres d'hydrogène, on obtiendra de l'eau par une véritable combinaison des deux principes gazeux qui, sous la forme d'eau, se sont *associés*, s'il est permis de se servir ici de ce mot.

Ce qu'on observe en musique fera encore mieux comprendre ce que nous venons de dire. Obtiendrait-on l'harmonie si tous les instruments d'un orchestre faisaient en même temps la même note ? Non, il n'y aurait qu'*unisson*, c'est-à-dire une somme de sons identiques par le ton. De même encore, si, dans un orchestre, on augmentait démesurément le nombre de certains instruments comme les contre-basses ou les trombonnes, que deviendrait le son d'un seul violon ou d'une seule flûte ? il serait masqué, écrasé, annullé par le son trop fort, trop puissant des autres instruments devenus trop nombreux. Ces deux modes d'association seraient vicieux dans la musique, ils ne le sont pas moins dans la société actuelle où l'on en trouve mille exemples plus ou moins variés. Qui dit Association ne dit donc pas identification, ni absorption, mais rapprochement, combinaison de plusieurs éléments dans des rapports tels que chacun d'eux remplisse sa fonction, joue son rôle, *fasse sa partie*, comme on dit en musique, et ne cède par moment, une portion de son individualité que pour la recouvrer plus entière, dans un autre instant, et l'exercer avec plus de puissance.

Voici sur ce sujet une note de Fourier, que nous croyons utile de reproduire :

« En 1805, un physicien de Paris, M. Cadet de Vaux, s'extasiait dans les journaux sur l'énormité des bénéfices que produirait une association d'un millier de villageois inégaux. Il n'osa pas aborder le problème : il commit la faute qu'on a commise depuis 25 siècles, se borner à des vœux stériles au lieu de se livrer aux recherches, selon le précepte *aide-toi, le Ciel t'aidera.*

Divers sophistes, bien intentionnés sans doute, ont depuis peu d'années publié quelques écrits sur une branche subalterne d'association.

Ils se sont tous trompés dès le titre; car ils ont pris pour superlatif du lien sociétaire, un rameau très-minime qui ne tend qu'au fermage et au monopole de grande industrie, lien qu'il faudra nommer *concentration actionnaire*.

La concentration actionnaire associe les chefs et non les coopérateurs; c'est un régime assez spécieux, qui débute brillamment et se recommande par de grandes et utiles entreprises; telles sont, en matériel, le canal Calédonien; en politique, la compagnie anglaise des Indes (1).

Mais où tend cette opération? quelle serait son influence, lorsqu'une fois généralisée, elle aurait envahi et livré à des compagnies actionnaires toutes les branches d'industrie? je dis TOUTES, car si ces compagnies ne connaissent pas encore le moyen de réduire l'agriculture en monopole de traitants et sous-traitants, elles le découvriraient bien vite; *l'appétit vient en mangeant* : puis profitant d'un instant de guerre et de pénurie, elles entraîneraient les gouvernements à cette concession.

Alors s'organiserait une fédération de monopoles gradués et affiliés, un avénement en féodalité commerciale, ou quatrième phase du mouvement civilisé.

La civilisation a commencé par des ligues de grands vassaux ou oligarques, soit nobiliaires, soit patriarcaux; elle doit finir par le retour de grands vassaux d'une autre espèce, qui seraient les mercantiles ou chefs de compagnies actionnaires. Le contact des extrêmes est la loi générale en mouvement, loi qui se reproduit dans tous les phénomènes matériels; par exemple, dans les phases de la lune qui, après avoir commencé par un croissant direct, finit par un croissant inverse.

C'est donc bien à tort que les partisans de la concentration

____

(1) Telle est l'opération que nous voyons aujourd'hui s'accomplir tout près de nous par la fusion des compagnies d'exploitation des houilles de la Loire.

actionnaire croient faire un pas vers la perfection sociale, quand ils ne tendent qu'à conduire l'état civilisé du déclin à la caducité. Il y est entraîné par sa marche naturelle : la civilisation doit, en troisième phase, s'obérer de plus en plus par la fiscalité et la décimation d'avenir; puis, en quatrième phase, tomber sous le joug du monopole féodal interne, comme elle a dû, en troisième phase, être asservie au monopole maritime externe.

Si l'on prétend donner à la *concentration actionnaire* le titre d'association, c'est prendre la forme pour le fond; car le fond embrasse les deux fonctions primordiales, savoir : gestion agricole et gestion domestique, dont nos écrivains actuels ne se sont point occupés. Ils ne savent associer que les chaînons supérieurs, que les chefs. Ils n'ont saisi, en association, que l'ombre, et non la réalité.

Pour les mettre sur la voie de ce grand problème, proposons-leur d'associer un village de cent familles, bien inégales, bien discordantes, et rétribuer dans cette réunion tout homme, femme et enfant, proportionnément aux trois facultés, *Capital*, *Travail et Talent*, avec pleine satisfaction de chaque individu.

Tel est le problème du lien sociétaire dont je donne la solution. C'est donc un abus de mots que ces soi-disant théories d'association applicables seulement aux chefs ou chaînons supérieurs, et non à la masse.

Malgré cette erreur, les sophistes que je réfute ne sont pas moins très-louables de faire des tentatives. Toute science commence par des tâtonnements, des succès partiels, conduisant par degrés à une solution intégrale des problèmes. Or, ce tâtonnement, que j'ai décrit sous le nom de *Concentration*, est déjà plus louable que l'apathie des siècles précédents sur la plus urgente des études.

Ces sophistes ne doivent pas s'offenser de l'erreur que je signale; tout n'est qu'erreur dans les lumières actuelles; on n'y voit qu'une lutte d'obscurants positifs ou philosophes répandant de fausses lumières, contre des obscurants négatifs qui, effrayés par l'épreuve de ces flambeaux trompeurs, opinent pour l'obscurité et l'immobilisme; véritable rebellion à la nature, qui veut le mouvement progressif croissant et décroissant.

Aussi nos sociétés, en dépit des perfectibiliseurs et des immobilistes, sont-elles en DÉCLIN COMPOSÉ, savoir: *déclin matériel* par la ruine croissante des forêts, pentes, sources, climatures; et *déclin politique* par la chute rapide en quatrième phase, ou féodalité commerciale.

Tels sont les trophées politiques d'un siècle présomptueux qui s'irrite à l'idée de recevoir des leçons en étude du mouvement social, veut régenter l'inventeur, le harceler sur des détails de *forme*, sans tenir cas du *fond*, sans vérifier si la plus désirable des découvertes lui est réellement livrée, et si les preuves en sont complètes.» (Avant-propos de la théorie de l'Unité universelle, tome II des OEuvres complètes.)

Note D. — Page 26.

Il y aurait une revue fort curieuse à faire des critiques dont la théorie de Fourier a été l'objet. Au point de vue sérieux autant qu'au point de vue plaisant, cette revue serait réellement intéressante, mais l'étendue qu'il faudrait lui donner ne nous permet pas de l'entreprendre ici. Nous nous bornerons à quelques mots sur ce sujet.

Nous affirmerons d'abord, la main sur la conscience, que de toutes les critiques hostiles à la théorie sociétaire que nous avons lues, aucune ne nous a paru révéler une connaissance véritable et complète de la doctrine phalanstérienne. On doit classer les auteurs de ces critiques en deux genres : 1° Ceux qui ont étudié, mais qui n'ont pas compris; relativement aux autres, ceux-ci sont des critiques sérieux. 2° Ceux qui n'ont rien lu, rien étudié et qui, par légèreté, ou on ne sait par quels motifs, parlent de la théorie de Fourier sans en connaître un seul mot.

Parmi ceux qui ont lu ou étudié, quelques-uns ont fait des doctrines sociétaires une étude si superficielle qu'autant vaudrait n'en avoir fait aucune. D'après leurs écrits, nous plaçons dans cette catégorie M. de Lamartine, M. Nettement, M. Massot, etc. Parmi ceux qui paraissent avoir lu davantage, il faut nommer M. Ferrari. Nous plaignons ce savant philosophe de s'être livré aux efforts que révèle son article publié il y a quelques mois dans la *Revue des deux mondes*, et d'être arrivé à cette conclusion que Fourier est un magicien qui a voulu résoudre tous les problèmes sociaux par des formules cabalistiques et par la loi des nombres. M. Ferrari a vu quelques X dans Fourier, et malheureusement son cerveau en était déjà tellement rempli, qu'il n'a pu en digérer quelques-uns de plus. Cette saturation d'un esprit sophistique, nous a valu une avalanche d'erreurs enchaînées les unes aux autres par une logique apparente dont le vernis peut séduire au premier abord, mais qui n'est propre qu'à montrer la fausseté du point de départ de M. Ferrari à tous ceux qui, par eux-mêmes, connaissent le sujet dont il a voulu tirer une critique foudroyante. Comme l'a dit spirituellement M. Toussenel, en confondant l'unitéisme avec l'unithéisme; M. Ferrari s'est mis dans une position telle qu'on ne peut lui répondre, puisqu'il est évident qu'il n'a pas compris; cet H résout toute la question. Parlerons-nous de l'*Esprit de révolte*, ouvrage de M. Tissot, auquel M. Bellin a emprunté la plus grande partie des raisonnements par lesquels il condamne la théorie de Fourier? Nous nous contenterons, pour montrer la légèreté de l'Avocat lyonnais en cette circonstance, de rapprocher ce qu'il a écrit à la page 5, de ce qui se trouve à la page 55 de sa brochure : « L'expérience des années qui viennent de s'écouler a fait justice des utopies de Saint-Simon. Fourier, au contraire, moins brillant à son début, moins ardemment accueilli par des disciples moins passionnés, plus conséquent peut-être dans son système, a été l'objet d'un culte plus durable et d'une admiration plus soutenue. *Ses doctrines, d'ailleurs, n'ont pas été soumises à l'épreuve critique de l'expérimentation.* Il ne faut donc pas s'étonner qu'elles aient conservé toute leur autorité théorique parmi leurs partisans, et qu'elles occupent encore grandement l'attention publique.... » Page 5. Voyons maintenant la page 55 : « *La réalisation du système nouveau a été essayée, telle du moins que les disciples de Fourier la demandaient dans leurs prédications. Un phalanstère a été créé* dans un des plus beaux départements de la France, non loin de la capitale, et malgré les conditions de prospérité les plus favorables, l'association industrielle agricole n'a pas tardé à se dissoudre. »

Qu'on explique, comme on le pourra, ces deux versions. Vous nous direz peut-être que l'essai dont vous venez de parler a été celui du système des disciples de Fourier, et non de la théorie de Fourier proprement dite; mais si vous expliquez ainsi votre contradiction; nous dirons, nous, que l'essai d'un système ne permet pas de conclure contre un système différent. D'ailleurs, le fait cité est historiquement faux. La tentative de Condé-sur-Vesgre, canton de Houdan, s'est bornée à la constitution d'une société en commandite et à un appel aux capitaux. Les capitaux ne sont pas venus, et force a bien été d'abandonner l'entreprise dès le commencement. Il y a lieu de là à dire qu'un *phalanstère a été créé*. Tout ce qu'on a dit des projets de Citeaux et de quelques autres est également dénué de fondement quant à la portée réelle de ces projets, et quant aux conséquences qu'on a voulu en tirer relativement à la valeur de la théorie sociétaire.

Le nombre est grand de ceux qui parlent de Fourier sans le connaître, et il y aurait à s'ébattre joyeusement sur les opinions grotesques et absurdes qu'ils lui prêtent. Ce sont eux qui ne savent pas même l'orthographe du nom de Fourier et l'écrivent : Fourrier. Ce sont eux qui prétendent que l'Ecole sociétaire veut faire un pape de Fourier, comme si on pouvait faire un pape d'un homme mort ; un saint ! encore passe ; l'usage n'en est pas complètement perdu. Ce sont eux qui, lorsqu'on leur parle de certains principes de Fourier que le plus simple bon sens ne pourra se refuser à admettre, dès qu'il voudra s'éclairer par l'étude, vous répondent par la queue de trente-deux pieds, les repas de queues de singe, les combats de pâtissiers, les géniteurs, la mer de limonade, etc. En vérité, puisqu'ils veulent faire leur pâture de toutes ces choses, nous leur en laissons toute liberté. Ce n'est pas sur un semblable terrain que nous acceptons et que nous portons la discussion. Ils le savent bien, mais ils ont leurs raisons pour ne pas nous attaquer en face, c'est-à-dire là où est notre drapeau, et pour refuser une lutte loyale et à armes égales. Parlons-nous d'*association*, ils répondent par les *anti-lions*, les *anti-crocodiles*. Quand nous exposons les moyens d'augmenter la richesse par l'organisation du travail, le bien-être par une économie domestique bien entendue, la moralité du peuple par un système nouveau d'éducation, on nous répond par la couronne boréale et autres prodiges plus ou moins probables sur lesquels Fourier a pu émettre des vues justes ou erronnées, mais dont la réalisation n'est en aucune manière présentée à la discussion des hommes de nos jours par les disciples de ce réformateur. Ainsi l'on voit des gens qui en face de la plus belle femme du monde ne vous parlent que d'une petite verrue qu'elle porte à l'oreille; qui dans un beau monument, ne voient qu'une vitre cassée; et qui dans le soleil, n'aperçoivent que des taches. *Beati pauperes spiritu!* Et que ces paroles leur soient légères!

FIN.

www.ingramcontent.com/pod-product-compliance
Lightning Source LLC
Chambersburg PA
CBHW051138050726
47594CB00003B/1150